Zur Erinnerung an

Deine Schüler

der 2b.

2004 - 2005

Herbert „Funki" Feurer   Alexander Strecha

NEUE RAPID-WUCHTELN

Heitere Geschichten hinter den grün-weißen Kulissen

Herbert „Funki" Feurer   Alexander Strecha

Heitere Geschichten
hinter den grün-weißen Kulissen

IMPRESSUM:

Herausgeber: Herbert Feurer

Für den Inhalt verantwortlich: Herbert Feurer, Alexander Strecha

Gestaltung: Manfred Ergott

Gesamtherstellung: Druckerei Ing. Christian Janetschek, Brunfeldstraße 2, 3860 Heidenreichstein

Gedruckt auf Euro Bulk 135g

Bildnachweis: siehe Seite 140

1. Auflage 2004

© 2004 Herbert Feurer. Alle Rechte vorbehalten. Nachdruck oder sonstige Vervielfältigung und Reproduktion – auch auszugsweise – nur mit Genehmigung.

ISBN 3-902239-01-8

Es war im Jahre 2000, als ich erstmals als „Hobbykoch" die Rapid-Wuchteln servierte. Vier Jahre lang gab ich den Leser/innen sowie Fußball-Fans Zeit zum Verdauen, nach langem Recherchieren folgt nun der zweite Gang. Eine alte Fußball-Weisheit besagt bekanntlich, dass vor allem dort der gute Schmäh rennt, wo auch der Ball läuft und der Erfolg daheim ist. Meine Aufgabe gestaltete sich daher in den letzten Monaten besonders leicht, oft musste ich nach dem täglichen Training einfach nur Notizblock und Stift in der Trainerkabine zücken und die „Wuchteln" niederschreiben. Die lustigen Geschichten der älteren Generationen werden nun abgelöst von den Schmähs jüngerer Spieler.

Im Gegensatz zum ersten Buch verpflichtete ich nach Peter Linden mit Alexander Strecha einen jüngeren Journalisten, quasi mein Beitrag zur Nachwuchsförderung im österreichischen Fußball. Zudem vertraue ich wieder dem Genie von Hubert Schorn, dem Haus & Hof-Karikaturisten des Königshauses von Ghana.

Da nur hungrige Leser wirklich gute Leser sind, hoffe ich, die Fußball- und vor allem die Rapid-Fans mit zahlreichen Leckerbissen füttern zu können. Im modernen Fußball darf der Spaß nicht zu kurz kommen. Und bei Rapid kann das nicht so leicht geschehen! Das Buffet ist eröffnet!

Inhalt

Der Pfuscher 8	Lager-Koller 42
Als Helge noch „fensterlte" 9	Schifferlversenken 43
Bladi Maier 10	Fahrerflucht 44
Aspirin mit Kondomen 11	Die Assistenten 46
Thujen gegen den Bundespräsidenten 12	Für die Fisch' 47
Bei der Geburt getrennt? 13	Die Wette mit dem Schal 48
Trottel aus Armee 14	Fan-sationell 50
Nichts zu lachen 15	Fußballer-Wahl: Die Veilchen ausgetrickst 52
Sechs Richtige 16	Macht die Welle! 54
Nur hungrige Fußballer sind gute Fußballer 18	Meidling-International-Airport 56
Arzt ohne Grenzen 20	Rapidfans ließen die SAU raus 57
Der Alko-Präsident 22	Schwein gehabt 58
Lenkrad-Leo 24	Der Phantom-Fanclub 59
Meisterschwimmer Lugscheider 26	Der steife Hut 60
I bin's, dei Präsident 27	Schlachtenbummler 61
Das Rätsel um den Kapfenberg 28	Ab in den Norden, Rapid hinterher! 63
Das Vieraugengespräch 30	Gelbsucht nicht beachtet 64
Zahltag am Golfplatz 32	Der 12. Mann für den Titel 64
Der Mordversuch 33	Ohrfeige für Konsel 65
Die Handy-Pfeife 34	100 Prozent Rapid –
Der Doktor als Mittelstürmer 35	100 Prozent Stammwürze 66
Schmerzen zum Abschied 36	Lokaleröffnung in Nikosia 68
Ein Geburtstag zum Weinen 38	Taktischer Rauch 69
Plakatieren erlaubt! 40	Schöner Wohnen mit Rapid 70

Odyssee 1996 nach Moskau	74
Den Arsch offen	76
Ausgleich durch Dinosaurier	78
Aloha!	79
Choreographien sagen mehr als 1.988 Worte	80
Eine Schifffahrt, die ist lustig – eine Schifffahrt die ist, ...	89
Die wahre Geschichte des Lothar Matthäus	90
Hurenschau in Paris	91
Blutgrätsche gegen Lothar	92
Lothar beim falschen Verein	93
Schwängern Sie bitte Ihre Frau!	94
Matthäus wieder einmal abgeschleppt	95
Nur mehr am „Ziaga"	96
Das Urgestein	98
„Bomber" Peter Schöttel: Alle internationalen Tore!	99
Der Weltmeister im Aktackieren	100
Urlaub im Altersheim	102
So fit ist Ladi Maier!	103
Der fehlende Buchstabe	104
Der Portier vom Hanusch	105
Super oder Normal?	105
Grüne Engel bei Alkbottle	106
Blondinen bevorzugt	108
Als Strafe ins Restaurant	109
Gefesselter Adamski	110
Probleme mit Mandl(n)	111
Berühmt oder nicht berühmt – das ist hier die Frage ...	114
Namenlos	115
Regeneration	115
Der Banküberfall	117
Eingesperrt auf der „West"	118
Die vielen Talente des AI8	119
Der g'stanzte Wüstenfuchs	120
Der einzigartige „Hicke"	122
Pepi, Pepi cool ...	124
Neu im Handel: Die Autogrammkarte von Andy Marek!	126
Bingo mit „Bongo"	128
Ausgezeichnet	130
Die Autoschieberei	131
Savicevic ohne Sprit	132
Beflügelt ins Krankenhaus	133
Der Ombudsmann	135
Die Fanclubs des SK Rapid	136
Dankstelle	140

Der Pfuscher

RAPID-TORMANN Ladislav Maier, mit Tschechien Vize-Europameister 1996, kennt Wien schon seit vielen, vielen Jahren. Als er noch bei Slovan Liberec zwischen den Pfosten stand, fuhr der gelernte Maler und Anstreicher an fußballfreien Tagen über die Grenze und arbeitete „im Pfusch" in Wien. Als er dann zu Rapid wechselte, kümmerte sich Gabi Fröschl, Herz und Seele des Vereins, um Neuankömmling Ladi wie eine Mutter. „Fröschi" greift allen Neuverpflichtungen bei Autos und Wohnungen unter die Arme, hilft generell, wo es nur geht. Gabi hatte für Ladi drei Wohnungen zur Besichtigung zur Auswahl, die erste in der Schließmanngasse im 13. Bezirk. Knapp bevor sie zu dem Bau kamen, winkte Ladi Maier ab: „Gabi, brauchen wir uns nicht anschauen. Ich kenne diese Wohnung. Habe ich früher selbst ausgemalt."

Auswärtsfahrten bestreitet Rapid bekanntlich mit dem Bus. Nicht selten ist es auf dem Weg durch Wien in Richtung Autobahn vorgekommen, dass Ladi Maier seinem Sitznachbarn den Ellbogen in die Rippen rammte und erklärte: „Schau, diese Fassade habe ich vor einiger Zeit ausgemalt. Und dort drüben zwei Wohnungen." Zum Glück ist unser Ladi im Tor kein Pfuscher!

Maier und Anstreicher – in seiner Zeit bei Slovan Liberec zog Ladi des öfteren an spielfreien Tagen die Tormann-Handschuhe aus und griff als Pfuscher in Wiener Gemeindewohnungen zur Walze.

Als Helge noch „fensterlte"

DAS GROSSE TALENT von Rapid-Goalie Helge Payer wurde recht früh erkannt, er stand schon im Nachwuchs in sämtlichen Auswahl-Mannschaften des ÖFB. Bei einem Auslandsturnier des U 17-Teams in Italien teilte er damals schon das Zimmer mit einem Konkurrenten, der ihm bis heute treu geblieben ist: Thomas Mandl. Nach den ersten zwei Spielen kamen die Teenager auf die glorreiche Idee, ein wenig um die Häuser zu ziehen. Intern wurde folgender Plan ausgeheckt: Nach 22 Uhr, wenn Teamchef Ernst Weber bereits in der Horizontalen träumen würde, sollten die zwei Goalies Payer und Mandl ihre Kollegen über die Balkone mit einem dreifachen Klopfen als Erkennungszeichen abholen.

Nach dem Abendessen liefen die Vorbereitungen auf Hochtouren. Die „1er-Parnier" für die Disco wurde ausgepackt und angezogen, mit unzähligen Tuben von Gel modellierte man sich die Frisur auf Beckham-Stil, literweise Parfum sollte die holde Weiblichkeit anlocken. Fesch waren sie, die Burschen. Es konnte losgehen!

Payer und Mandl kletterten über den ersten Balkon und klopften leise am Fenster. Die Balkontür ging auf und vor ihnen stand Trainer Weber mit einem breiten Grinser: „Seid's net deppert und legt's euch bitte ins Bett." Blöd gelaufen, wenn man sich schon beim ersten Zimmer irrt. Der nächtliche Ausflug fiel freilich ins Wasser, die Goalies waren bei ihren Kameraden am folgenden Tag auf der Schaufel: Typisch Tormann…

In diesem Outfit machte Helge mit 17 Jahren bei den italienischen Hasen keinen Stich.

Bladi Maier

KONDITIONSTRAINER HANS MEYER kennt keinen Spaß. Vor allem nicht, wenn es um die vierteljährliche Abwaage der Rapid-Spieler geht. Wer ein Scherzerl Fett zuviel an den Hüften hängen hat, der muss in der Folterkammer schwitzen. Der Speck muss weg! Für Ladi Maier sind diese Termine immer die „Tage der Wahrheit". Der ehrgeizige Goalie reagiert auf sein Gewicht stets empfindlich. Normalerweise warnt Meyer Maier vor, worauf Ladi sich einer Hungerkur unterzieht um eine gute Figur zu machen. Nicht so beim letzten Mal. Nach einem freien Wochenende bat Hans Meyer seine Schützlinge auf die Waage. Ladi Maier wurde blass, hatte er sich doch die Tage zuvor ein bisserl gehen lassen, was das Futter betrifft. Und tatsächlich: der Zeiger der Waage schnalzte in den roten Bereich, Ladi schleppte offensichtlich einige Kilo zuviel mit sich herum.

Am selben Tag stand als zweite Einheit eine Stunde Fitness mit Meyer auf dem Programm. Ladi kam sichtlich geknickt als Letzter zum Training und zog sich, ohne auf die Größe zu achten, ein Trikot in Small an. Er wunderte sich über die Enge des Shirts, das er beinahe aus allen Nähten platzen ließ. Zwischen zwei Übungen fragte er Axel Lawaree flüsternd: „Axel, welche Größe ist das Leiberl?" Lawaree schaute nach und antwortete ohne mit der Wimper zu zucken: „XXXL – wie immer, Ladi." Maier bekam einen Schweißausbruch und trainierte in dieser Stunde wie ein Tier. Die Geräte waren in Gefahr, Ladi wollte sie alle zerlegen vor Wut. Nach dem Training kam Sebastian Martinez auf den völlig erschöpften Tormann zu und verriet ihm: „Ladi, keine Sorge, dein Trikot hat Größe S." Danach fühlte sich Ladi gleich um 20 Kilo leichter!

Masseur Wolfgang Frey machte mit seinen Wortspielen im Kapfenberger Trainingslager Ladi Maier nervlich fertig.

Aspirin mit Kondomen

MARTIN HIDEN ist bis heute noch Rapids teuerster Transfer ins Ausland. Nach starken Auftritten im Europacup und im Nationalteam wechselte der Verteidiger im Februar 1998 für 28 Millionen Schilling in die Premier League zu Leeds United. Das erste Trainingslager auf der Insel wird Hiden so bald nicht vergessen. Nach einigen besonders harten Einheiten gab der Trainer einen Tag frei. Die Spieler durften machen, was sie wollten, mussten lediglich am nächsten Morgen spätestens um 8 Uhr beim Frühstück erscheinen. Ein Teambetreuer drückte Martin Hiden ebenso wie allen anderen Spielern ein Kuvert in die Hand, in dem 100 Pfund Taschengeld für den Tag enthalten waren.

Danach wurde Hiden zum Doktor gerufen. Auch dort wurde ihm ein Kuvert ausgehändigt. „Schon wieder 100 Pfund?" fragte sich Hiden. Irrtum! Diesmal waren zwei Kopfwehtabletten und zwei Kondome für alle Fälle im Umschlag. Britische Betreuer wissen eben, dass ihre Spieler nicht nur auf dem Platz Vollgas geben...

Martin Hiden lernte bei Leeds United ein völlig neues Verständnis des Betreuerstabes kennen.

Thujen gegen den Bundespräsidenten

ABWEHRCHEF MARTIN HIDEN hat sich vor einiger Zeit eine wunderschöne Wohnung im dritten Stock mit Terrasse in der Josefstadt zugelegt, in unmittelbarer Nähe zur Residenz unseres neuen Bundespräsidenten und erklärten Rapid-Fans Dr. Heinz Fischer. Eine erholsame Oase mitten in der Stadt. Vor allem die Terrasse nützt Hiden regelmäßig nach schweren Spielen, um seinen Körper in die Sonne zu wuchten und ein wenig „Rind'n" zu schinden. Wären da nicht die störenden Blicke der Nachbarn! Auch der neugierige Herr Bundespräsident soll hin und wieder zu Martin Hiden hinüber schielen, um sich zu vergewissern, dass der Rapidler am Abend vor wichtigen Matches nicht zu lange die Idylle genießt bzw. dass ihn untertags nicht der Sonnenstich trifft. Gibt es da ein Geheimabkommen mit Trainer Josef Hickersberger?

Das war zuviel für Hiden, er forderte sein Recht auf Privatsphäre und beschloss, die Terrasse mit schönen hohen Thujen gegen die Blicke der Umgebung zu schützen. Gemeinsam mit Steffen Hofmann und Florian Sturm fuhr er zu einer Gärtnerei in den 21. Bezirk und lud massenhaft Gestrüpp auf einen Pritschenwagen. Hiden selbst saß am Steuer, Hofmann und Sturm hockerlten dahinter auf der Ladefläche und sicherten die Pflanzen. Die Grünen düsten mit dem Grünzeug über die 2er-Linie in Richtung Rathaus. Bei einer roten Ampel hupte plötzlich ein Auto in der linken Spur. Der Fahrer, offenbar ein glühender Rapidler, fuchtelte hektisch herum, kurbelte das Fenster runter und meinte erstaunt: „Da schau, der Hiden, der Hofmann und der Sturm. Was macht's ihr denn da mit dem Pritschenwagen?" Florian Sturm antwortete mit einem Bilderbuch-Konter: „Wissen Sie, wir hackeln immer ein bissl nebenbei für diese Gärtnerei, weil wir bei Rapid so wenig verdienen. Der Verein ist ja unglaublich knauserig." Der Fan glaubte, schlecht gehört zu haben und meinte völlig verwirrt: „Das ist aber klass' von euch Burschen." Hofmann und Sturm wackelten vor Lachen auf der Ladefläche mehr als die Thujen im Fahrtwind.

Bei der Geburt getrennt?

JÄNNER 1998. In Italien brodelt die Gerüchteküche. Mit im Topf Rapid-Stürmer Christian Stumpf. Die renommierte Fußball-Tageszeitung „La Gazzetta dello Sport" beschrieb ihn folgendermaßen: „Er ist blond und ähnelt sehr dem Richard Gere."

Trottel aus Armee

RAPIDS ABWEHRSPIELER Ferdinand Feldhofer sammelte bei seinem vorigen Verein Sturm Graz Erfahrung in der Champions League. Als Sturm auf europäischer Ebene die größten Erfolge feierte, musste Feldhofer nicht nur vor seinem Trainer Ivica Osim Habtacht stehen, sondern auch beim Österreichischen Bundesheer Dienst versehen. Vor einem wichtigen Europacupspiel gegen Hapoel Tel Aviv setzten die Sturm-Verantwortlichen alle Hebel in Bewegung, um Feldhofer für diese Partie aus der Grundausbildung frei zu bekommen. Nach großen Anstrengungen überredete man endlich Feldhofers Vorgesetzten. Sturm gewann nach dem Hinspiel (3:0) auch in Tel Aviv knapp mit 2:1, Feldhofer wurde in der 40. Minute für Ivica Vastic eingewechselt und in der 70. Minute vom Schiedsrichter ausgeschlossen.

Am nächsten Tag mussten Feldhofer und Kollegen beim Vormittagstraining bei „Spieß" Ivica Osim zum Rapport antreten. Bei Osim wusste man nie, wie er aufgelegt war.
An diesem Vormittag präsentierte sich der Coach trotz des Aufstiegs „brennheiß" wegen der gezeigten Leistung und machte eine Besprechung, in der die Fetzen flogen: „Zuerst habt ihr gespielt so großen Schas, und dann ist noch gekommen dieser Trottel aus Armee."

Nichts zu lachen

FLORIAN STURM wechselte vor einiger Zeit von Bregenz zu Rapid und hatte es anfangs in Hütteldorf sehr schwer, sich einen Fixplatz in der Mannschaft zu erkämpfen. Als ihn Herbert Feurer bei einem Training bat, er möge sich lustige Geschichten für das neue, hier vorliegende Buch überlegen, antwortete Sturm mit viel Schmäh: „Sorry, Herr Trainer, aber bis jetzt habe ich bei Rapid nix zu lachen gehabt."

Nach einer Auswärtsniederlage machte Trainer Josef Hickersberger am Tag darauf eine lange Spielerbesprechung, in der er die Partie noch einmal gründlich analysierte. Als Hicke nach 45 Minuten endlich zu einem Ende kam, drehte er sich zu Florian Sturm und fragte ihn nach seiner Meinung zu dem Match. Sturm sagte gar nichts, sondern zeigte seinem Trainer mit der rechten Hand nur eine „Null". Denn er hatte bis dato noch keine einzige Minute für Rapid gespielt.

IM SOMMER 2004 verärgerte Florian Sturm Funki Feurer im Trainingslager in Laa/Thaya. Während sich Feurer Payer und Maier zur Brust nahm und die Goalies einschoss, querte eine ganze Partie von Spielern beim Auslaufen immer wieder den Platz, was Feurer in seiner Arbeit störte und schlussendlich verrückt machte. Nach zwei mündlichen Verwarnungen schritt er beim dritten Mal zur Tat, legte sich einen Ball auf, zog knallhart wie Roberto Carlos durch und traf mit dem Geschoß Florian Sturm genau auf den Hinterkopf. Der Spieler ging zu Boden wie ein Boxer nach einem „Lucky Punch", sah Sternchen und kannte sich im ersten Moment überhaupt nicht aus. Nach dem Training suchte Florian den Tormanntrainer mit einem gehörigen Brummschädel in der Kabine auf und bedankte sich artig: „Jetzt ist mir endlich ein Licht aufgegangen." Seit diesem Zwischenfall ist Florian Sturm kurioserweise bei Rapid Stammspieler.

Zu Beginn seiner Rapid-Zeit gefror Florian Sturm das Lachen im Gesicht ein.

Sechs Richtige

MASSEUR WOLFGANG FREY ist mehr als ein einfacher Masseur. Aufgrund seiner heilenden Kräfte auch „Magic Fingers" gerufen, verfügt Wolfi „Bocuse" über eine fundierte Ausbildung im Kochen. Gemeinsam mit seinem Kollegen im „Wadenstreicheln", Bertl Skalsky, zaubert der dreifache Pudelhaubenkoch auf den Fahrten zu und von Auswärtsspielen im Bus ein Menü nach dem anderen für Spieler und Betreuer. Freys wichtigste Charaktereigenschaft ist aber eine ganz andere: er ist seit jeher ein Schmähbruder durch und durch. So bat er nach einem Dreifach-Lotto-Jackpot eines Mittwochs Funki Feurer, ihm am Donnerstag vormittag einen fingierten Lotto-Schein mit fünf Richtigen und Zusatzzahl zum Training mitzubringen. Geplant, getan. Frey wedelte mit dem Schein, der ihm damals noch 600.000 Schilling eingebracht hätte, in der Kabine vor den Nasen der Spieler herum.

Alle freuten sich mit ihrem Masseur, die Kunde machte die Runde, selbst aus dem Sekretariat kamen die Mitarbeiter in die Kabine gestürmt um ihrem Wolfi zu gratulieren. Doch dieser ärgerte sich und wurde von Minute zu Minute grantiger: „Ein Wahnsinn, eine lächerliche Zahl hat mir gefehlt, dann hätte ich einen Sechser gemacht, der mir 60 Millionen eingebracht hätte. Ein Witz ist das, ich bin so was von enttäuscht."

In Hütteldorf schüttelte man den Kopf und glaubte ob der eigenartigen Reaktion an einen Schlaganfall bei Frey. Am nächsten Tag klärte der von einem Ohr zum anderen grinsende Masseur den Unfug auf und deutete Augen zwinkernd auf das Datum auf dem Lotto-Schein. Alle erkannten, dass sie einem guten Schmäh aufgeses-

Wolfi & Wolfi – die massierenden Schmähbrüder Frey und Skalsky, in Hütteldorf kurz „Magic Fingers" genannt, wünschten Jürgen Saler auf ihre ganz eigene Art und Weise alles Gute zum Lotto-Sechser.

sen sind. Fast alle. Nur einer glaubte immer noch an Wolfis Reichtum: Jürgen Saler.

Genau jener Jürgen Saler kam drei Monate danach zum Training bei der Kabinentür herein, nahm sich Frey auf die Seite und flüsterte ihm ins Ohr, damit es die anderen nicht hören konnten: „Wolfi, hör zu, ich habe gestern bei der Ziehung einen Sechser gemacht." Frey wollte seinen Schützling schon mit der heißen Trauma-Salbe einmassieren und schnauzte Jürgen an: „Sali, hör auf mit dem g'fäulten Schmäh. Nur weil du damals bei meinem nicht mitgekommen bist, brauchst mich jetzt nicht häkeln. Lass dir was Besseres einfallen." Irrtum! Jürgen Saler hatte tatsächlich sechs Richtige getippt und 6 Millionen Schilling gewonnen. Da schaute jetzt Frey blöd aus der Wäsche und hatte als Haubenkoch den Scherben auf.

Nur hungrige Fußballer sind gute Fußballer ...

FÄHRT RAPID zu einem Match in die Ferne, dann kehrt man häufig zur Stärkung auf ein Mittagessen bei einer Autobahn-Raststätte ein. Die Reservierung übernimmt dabei im Vorfeld immer „Mrs. Rapid" Gabi Fröschl. Auf dem Weg zum Duell mit dem damaligen FC Tirol bremste sich der Rapid-Bus in Strengberg ein, wo es in beiden Fahrtrichtungen Restaurants gibt. Stadt Haag auf der einen, Strengberg auf der anderen. Unter der Leitung von Ernst Dokupil zischten die Grün-Weißen zielstrebig mit einem Heißhunger in das Lokal, allein die Hütte war überfüllt und zur Überraschung aller kein Tisch reserviert. Sofort nahm man Funkkontakt mit Gabi Fröschl auf, die jedoch felsenfest versicherte, dass sie alles ordnungsgemäß bestellt hätte. Weil die Mägen schon knurrten und Eile geboten war, holte man sofort die Geschäftsführerin ans Telefon. Doch die konnte

Gabi Fröschl, die gute Seele Rapids, bestellte einen Drei-Gang-Lunch an der Westautobahn – allerdings in der falschen Fahrtrichtung.

sich nicht an Fröschl erinnern. Gabi wählte daraufhin noch einmal die Nummer, unter der sie reserviert hatte und musste sich folgenden Vorwurf anhören: „Ja, wo seid ihr denn, wir warten schon auf euch seit einer halben Stunde. Gebt's Gas, das Essen wird sonst kalt." Fröschls kleiner, aber feiner Fehler: sie hatte fälschlicherweise in Fahrtrichtung Wien die Stärkung angefordert.

Die Rapidler sprangen also in den Bus und düsten zu dem anderen Rosenberger, wo man unter großem Zeitdruck nur noch flott einen Toast hinunter schlingen konnte. Der Trost nach dem Toast: Rapid gewann das Spiel am Tivoli, worauf ein launiger Ernst Dokupil meinte: „Wir werden künftig vor Auswärtsspielen nichts mehr essen. Nur hungrige Fußballer sind offenbar gute Fußballer."

VIERTELFINALE im Fußball-Europacup in Moskau. Kulinarisch natürlich ein echter Leckerbissen. Rapid-„Doktor Schiwago" Robert Lugscheider hatte beim Küchenchef des Hotels fürs Dinner Rindsschnitzel mit Kartoffel-Püree bestellt. Aufgetischt wurden aber überbackene Schweinsschnitzel mit Pommes frites. Ein Essen, das ungefähr die halbe Nacht lang den Magensaft beschäftigt. Weil á la Carte auf die Schnelle keine Alternativen vorhanden waren, befahl Lugscheider den Spielern sich wenigstens die Parnier vom Schnitzel zu kratzen, was natürlich die wenigsten taten. So richtig schlecht wurde Lugi bei der Nachspeise: da kredenzten die gastfreundlichen Russen Bananensplit mit einem riesigen Berg Schlagobers. Das Festessen gab es trotzdem erst am nächsten Tag: Rapid gewann und schaffte den Aufstieg ins Semifinale. Die Moral von der Geschicht': Nicht das Essen ist wichtig, sondern kicken musst du können.

UNTER SPORTDIREKTOR Lothar Matthäus nahm Rapid an einem Blitzturnier in Split teil. Abends wurden unzählige Teller Pommes aufgetischt. Konditionstrainer Hans Meyer sprintete gleich dazwischen und wollte das „ung'sunde Zeug's" abräumen lassen. Da machte sich Matthäus für seine Burschen stark: „Ach was, lass sie doch essen, was sie wollen. Hauptsache, sie spielen morgen guten Fußball."

Dem war dann nicht so. Rapid verlor nach einer mehr als bescheidenen Leistung das Spiel. Schon zur Halbzeit tobte Loddar: „Pommes fressen könnt ihr, aber Fußball spielen nicht!"

Robert Pecl bei Doktor Andreas Mondl in der Ordination:
„Herr Doktor, mir wird ständig gelb und rot vor Augen.
Was kann man da machen?"
Mondl: „Bitte wechsle den Schiedsrichter."

Arzt ohne Grenzen

DUBAI IST STETS eine heiße Sache. Einerseits werden die Trainingscamps bei mindestens 35 Grad im Schatten zu einer schweißtreibenden Angelegenheit, auf der anderen Seite bieten die traumhaft schönen Luxusherbergen viele kühlende Freizeitmöglichkeiten.

Zur Lieblingsbeschäftigung der Rapid-Spieler wurde einmal die hoteleigene, extrem schnelle und unglaublich steile Wasserrutsche. Doktor Lugscheider zierte sich anfangs noch bei dem Anblick des „Monsters", doch die Überredungskunst von Hiden und Kollegen war genial: „Herr Doktor, die Aussicht von dort oben ist sensationell. Und solch

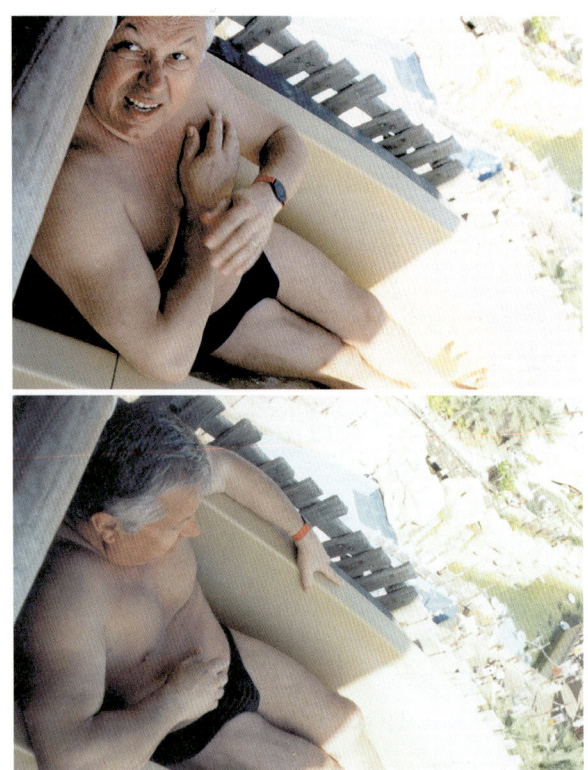

Zuerst hatte der Herr Medizinalrat noch einen „Stift" in der schnittigen Badehose. Dann ging er erfolgreich im Geiste seine Rekordfahrt durch.

einen Postkarten-Blick auf das Hotel Burj Al-Arab werden sie nie wieder bekommen." Zudem deuteten die Spieler auf Kleinkinder, die gemächlich in aufgeblasenen Reifen ins Schwimmbecken platschten. „Sehen sie, die Rutsche schaut nur von da unten so steil aus."

Was die können – so dachte sich Lugscheider – das kann ein Doktor, den nicht einmal die größten Spritzen und die grauslichsten Knochenbrüche umgehauen haben, allemal. Derart motiviert stapfte er 10 Minuten lang die unendlich scheinende Wendeltreppe hinauf, seine Lungenflügel applaudierten schon bei diesem Gewaltmarsch. Am Start angekommen, traute Lugi seinen Augen nicht. Keine Spur von Reifen, nirgendwo eine zweite, flache Rutsche. Es gab nur einen Weg ins Tal – und der präsentierte sich schnürlgerade und ebenso steil wie die Kitzbüheler Streif. Lugi saß in Dubai in der Mausefalle! Dem Doktor standen die Schweißperlen auf der Stirn – jedoch nicht wegen der hohen Außentemperaturen. „Was, da soll ich runter?", fragte er entsetzt.

Lugscheider rang so lange mit seinem inneren Schweinehund, dass die anderen schon dachten, er würde auf dem Turm übernachten. Plötzlich fasste der Doktor seinen letzten Mut und ging in Position. Der Countdown lief. Die Badehose wurde festgeschnürt, die Frisur aerodynamisch nach hinten gekämmt: 3, 2, 1 und los. Lugi pratzelte sich in die Bahn wie sonst nur Markus Prock in den Eiskanal, sauste in die Tiefe und brach sogar den Bahnrekord. Der Gewinner der Dubai Wasserrutsche-Open wurde im Ziel gleich von den jubelnden

Funki Feurer beobachtete aus dem bequemen Liegestuhl vor dem Sieben-Sterne-Bunker Burj Al-Arab, wie der Rapid-Arzt Todesqualen durchlitt.

Spielern interviewt. Auf die Frage, warum er sich nun doch überwunden hatte, antwortete er trocken: „Weil ich zu faul war, die ganzen Stufen wieder runter zu hatschen." Dieser Arzt kennt wirklich keine Grenzen.

Der Alko-Präsident

RAPID AUF TRAININGSLAGER bei Willi Dungl in Gars am Kamp. Nach einem schweren Arbeitstag saß man am Abend bei ein paar Getränken an der Bar. Wieder einmal hielt man die Angestellten zum Narren. Ernst Hochhofer, Assistent von Zeugwart Johnny Ramhapp, wurde von Masseur Wolfgang Frey kurzerhand zum grün-weißen Präsidenten ernannt. Als Hochhofer nach einigen Glaserln einem Bedürfnis nachgab und sich ein wenig entleeren ging, schnappte sich das dynamische Duo Frey & Feurer die Kellnerin und las ihr die Leviten: „Sind Sie eigentlich wahnsinnig? Sie können dem Herrn Präsidenten doch keinen Alkohol ausschenken! Wissen Sie denn nicht, dass er ein schwerer Alkoholiker war und endlich abstinent ist?"

Der guten Frau fiel die Kinnlade bis auf Kniehöhe und das Herz im Dirndl runter. „Aber dem merkt man das ja nicht an", versuchte sie sich zu verteidigen. Frey legte nach und warnte: „Genau das ist ja die Gefahr. Wenn der seinen Spiegel hat, dann zerlegt er ihnen das ganze Hotel, so schnell können Sie gar nicht schauen."

Was also tun, wenn der Herr Präsident weiter einen Durst hat? Der ausgefuchste Frey bot eine geniale Lösung an: „Passen Sie auf: wenn er ein Glaserl Weißen bestellt, stellen Sie ihm einen Hollundersaft auf die Theke. Und bei einem Roten einen Ribiselsaft." Hochhofer gab selbstverständlich wieder eine Bestellung auf. Aber irgendwie schien ihm der sonst so mundende Rotwein nicht mehr recht zu schmecken. Er winkte die Kellnerin zu sich und beklagte den komischen Saft. Darauf flüsterte ihm die Kellnerin komplizenhaft ins Ohr: „Ich bin informiert und weiß, dass sie keinen Schluck trinken dürfen. Aber ich verspreche ihnen, dass ich es niemandem weiter erzähle." Hochhofer wollte schon fragen, ob auch Angestellte um diese Uhrzeit trinken dürfen, sah jedoch gleich, dass Frey & Feurer unter Gelächter von ihren Barhockern kippten.

ZUR SELBEN ZEIT logierte im Dungl-Hotel in Gars die Frau des früheren russischen Politikers Schewardnadse. Da es die Rapid-Betreuer bekanntlich jeden Tag zu fortgeschrittener Stunde auf der Hotel-Terrasse immer lustig hatten, kam am dritten Tag die Rezeptionistin angelaufen und bat die fröhliche Runde, den Lärmpegel etwas zu senken: „Die Frau Schewardnadse will schlafen. Bitte, die ist ohnehin bei allen Dingen so besonders heikel", lautete ihre Begründung. Die Trainer kannten leider kein Pardon. Zuerst Wolfgang Frey: „Wer bitte ist die Frau Schewardnadse." Peter Persidis goss noch Öl ins Feuer: „Na, wer ist wichtiger? Diese russische Dame oder Rapid?" Und Neo-Präsident Ernst Hochhofer fuhr gleich die ganz überzeugenden Geschütze auf: „Na, wenn das so ist, dann werden wir gleich morgen in der Früh auschecken und uns ein anderes Quartier suchen. Und die Presse wird auch davon erfahren, da können Sie sicher sein."

Die Rezeptionistin gab sich geschlagen, wurde von den Herrschaften auf der Terrasse soweit aufgehusst, bis sie augenzwinkernd meinte: „Sie haben ja so Recht, meine Herren. Wer oder was ist schon wichtiger als der Rekordmeister?" Die Rapidler durften fortan grölen wie sie wollten.

Wie lautete die erste Frage von Ötzi, nachdem er wieder belebt wurde? „Spielt der Ladi Maier immer noch?"

Lenkrad-Leo

DIE RAPID-FAMILIE ist bekanntlich eine besonders große. Zu ihr gehört auch Bus-Chauffeur Leo Bunzl von der Firma Blaguss, der auf den Reisen die grün-weißen Kicker immer behutsam ans Ziel bringt. Im Sommer-Trainingslager 2004 in Winklarn war er wie gewohnt mit von der Partie. Selbst einem Lenkrad-Virtuosen wie dem Leo kann schon der eine oder andere Fehler unterkommen. Für die Spieler im Allgemeinen und den Tormanntrainer im Speziellen stets eine Gelegenheit, ihn auf seine Verbremser lautstark und mit großem Gelächter hinzuweisen. Leo war also regelmäßig auf der Schaufel.

In Winklarn kutschierte Leo seine „Buam" souverän vom Hotel in das rund eine Viertelstunde entfernte Stadion. Sechs Trainingseinheiten schon, jedes Mal hin und retour. Leo Bunzl kannte die Strecke im Schlaf, hätte sie wohl mit verbundenen Augen bewältigt. Nicht so beim siebenten Mal. Da brauste der „Herr der 1000 PS" trotz des Schildes mit der Aufschrift „Stadion" an der Abzweigung vorbei. Die Spieler johlten vor Freude auf und hatten wieder einmal ihren Spaß mit Leo. Bunzl hoffte mit hochrotem Kopf, dass die Sache so schnell wie möglich erledigt war.

Nach der Odyssee von Winklarn wurde Leo Bunzl zielsicher eingewiesen.

Er machte aber die Rechung ohne Herbert Feurer. In der Mittagspause suchte dieser Gernot Lechner, den Bürgermeister von Winklarn und zugleich Obmann des Fanclubs „Grün-Weiß Winklarn", auf und heckte mit diesem den nächsten Streich aus. Sie schnappten sich riesige Papier-Bögen von einer Flip-Chart und überklebten auf dem Weg ins Stadion sämtliche Werbeständer am Straßenrand. Schweißgebadet sprinteten sie gerade noch rechtzeitig zur Abfahrt des Busses zum Nachmittagstraining. Nichts ahnend warf der König der Landstraße Bunzl den ersten Gang rein und beschleunigte in Richtung Stadion. Plötzlich entdeckte er aus dem Augenwinkel am Straßenrand ein Hinweischild, auf dem groß geschrieben stand: „FÜR LEO", versehen mit einem dicken, fetten Richtungspfeil darunter. Während Bunzls Hände zu schwitzen begannen, brüllten die Spieler in den hinteren Reihen auf den billigen Plätzen vor Lachen. Selbst Trainer Josef Hickersberger, der im Pirvatauto hinter dem Bus den Windschatten nützte, hupte und blinkte vor Begeisterung.

Insgesamt kam der Rapid-Bus an acht Werbeständern vorbei, jeder Einzelne zeigte Leo den Weg zum Training an. Doch das Beste kam erst bei der Abzweigung, die er am Vormittag übersehen hatte: vier Bauarbeiter mit neongelbem Umhang sperrten die Straße für den Fließverkehr und zeigten wild gestikulierend dem mittlerweile völlig entnervten „Michael Schumacher der Busfahrer" den richtigen Weg ins Stadion. Kein GPS kann besser sein.

Wer erklärt wem was? Copilot Josef Hickersberger den Weg oder Leo Bunzl die Taktik?

Meisterschwimmer Lugscheider

IM TRAININGSLAGER in der Türkei 2003 war es wieder einmal soweit: Doktor Robert Lugscheider hielt zum x-ten Mal einen Vortrag über die richtige Ernährung für Sportler. Einigen Spielern kamen die guten Ratschläge schon bei den Ohren raus wie sonst nur das Bircher-Müsli. Die Rache für diese Qual sollte bitter sein! Als Lugscheider locker-flockig am riesigen Hotel-Pool vorbei schlenderte, sprang die Mannschaft aus ihrem Versteck hinter Palmen hervor, schulterte den Doktor und warf ihn mit zwei Schrauben und einem Auerbach-Salto ins Wasser. Note 10,0. Schwimmen ist gesund. Was keiner bedacht hatte: Lugscheider hatte seine Brille auf und das Handy eingesteckt. Andreas Herzog tauchte das Telefon wieder an die Oberfläche, doch Lugscheider hörte die ganze Woche lang bei jedem Anruf nur ein lautes Rauschen. In Wien bekam er aus der Mannschaftskassa ein neues bezahlt.

Nach dem unfreiwilligen Bad schaute der Onkel Doktor blöd aus der Wäsche.

Doktor Benno Zifko zu einem Spieler:
„Leider, du musst mit dem Kicken aufhören."
Spieler: „Doc, haben sie mich wirklich gründlich untersucht?"
Zifko: „Nein, ich habe dich spielen sehen."

I bin's, dei Präsident

RAPID AUF TRAININGSLAGER in Lustenau. Der Rekordmeister logierte im schönen Sporthotel. Zeugwart Johnny Ramhapp nahm stets seinen „Co" mit auf Reisen, die Rapid-Legende Stefan Angeli, seit jeher „Mädchen für alles" in Hütteldorf. Anders jedoch in Vorarlberg. Als am ersten Morgen im Sporthotel das Frühstück serviert wurde, bekam Angeli seinen Teller als Letzter. Darauf nahm Funki Feurer die Kellnerin zur Seite und stauchte sie lachend zusammen: „Das können Sie doch nicht machen. Der Herr Präsident muss immer als Erster das Essen bekommen, sonst bekommen wir einen Wickel mit ihm." Die Worte verfehlten ihre Wirkung nicht. Ab sofort dinierte Stefan Angeli vor allen anderen, sämtliche Angestellten grüßten ihn besonders freundlich mit „Guten Tag, Herr Präsident" oder „Können wir noch etwas für Sie tun, Herr Präsident?". Das ging schon so weit, dass alle Spieler und Betreuer Angeli mit „Herr Präsident" anredeten.

Am fünften Tag des Trainingslagers kam ein gewisser Günter Kaltenbrunner ins Hotel herein spaziert und lehnte sich zur Rezeption: „Guten Tag, mein Name ist Kaltenbrunner, ich bin der Präsident von Rapid und hätte gern mein Zimmer." Die Rezeptionistin schüttelte verständnislos den Kopf, lachte Kaltenbrunner aus und ließ ihn in der Eingangshalle stehen.

Das Rätsel um den Kapfenberg

DAS ERSTE SOMMERTRAININGSLAGER von Coach Josef Hickersberger führte Rapid nach Kapfenberg, direkt in das Sporthotel beim Stadion. Wenn man den Blick dort über die Tribüne hinweg schweifen läßt, dann stechen einem eine Burg und daneben sehr viele Berge ins Auge. Tormanntrainer Funki Feurer sowie die Masseure Wolfi Frey und Bertl Skalsky wollten es nach drei Tagen genau wissen und erkundigten sich mit naiven Mienen bei den Hotelangestellten: „Und welcher von denen ist jetzt der Kapfenberg?" Die meisten schüttelten unwissend den Kopf: „Wos? Da gibt's keinen. Das heißt nur Kapfenberg."

Für die grün-weißen Landeskundler Grund genug, den Schmäh weiter laufen zu lassen. Wolfi Frey wurde provokant: „Hat das vielleicht etwas mit Karpfen zu tun?" Entnervt versicherten sämtliche Kapfenberger: „Nein, hier gibt es keine Karpfen, glauben Sie mir." Der Masseur legte noch ein Schäuferl nach: „Aber ihr seid doch hier in die Schule gegangen, oder nicht? Da müsst ihr doch gelernt haben, welcher der Kapfenberg ist. Das gibt's doch nicht." Eine ganz nette Frau rief gar bei ihrer Schwester auf der Gemeinde an. Auch sie wusste nicht, welcher nun der weltberühmte Kapfenberg sei. Eine Woche lang machten die grün-weißen Betreuer ihre Umgebung verrückt. Am Ende des Trainingslagers war immer noch ungeklärt, welcher Berg dem Ort seinen Namen gegeben hat...

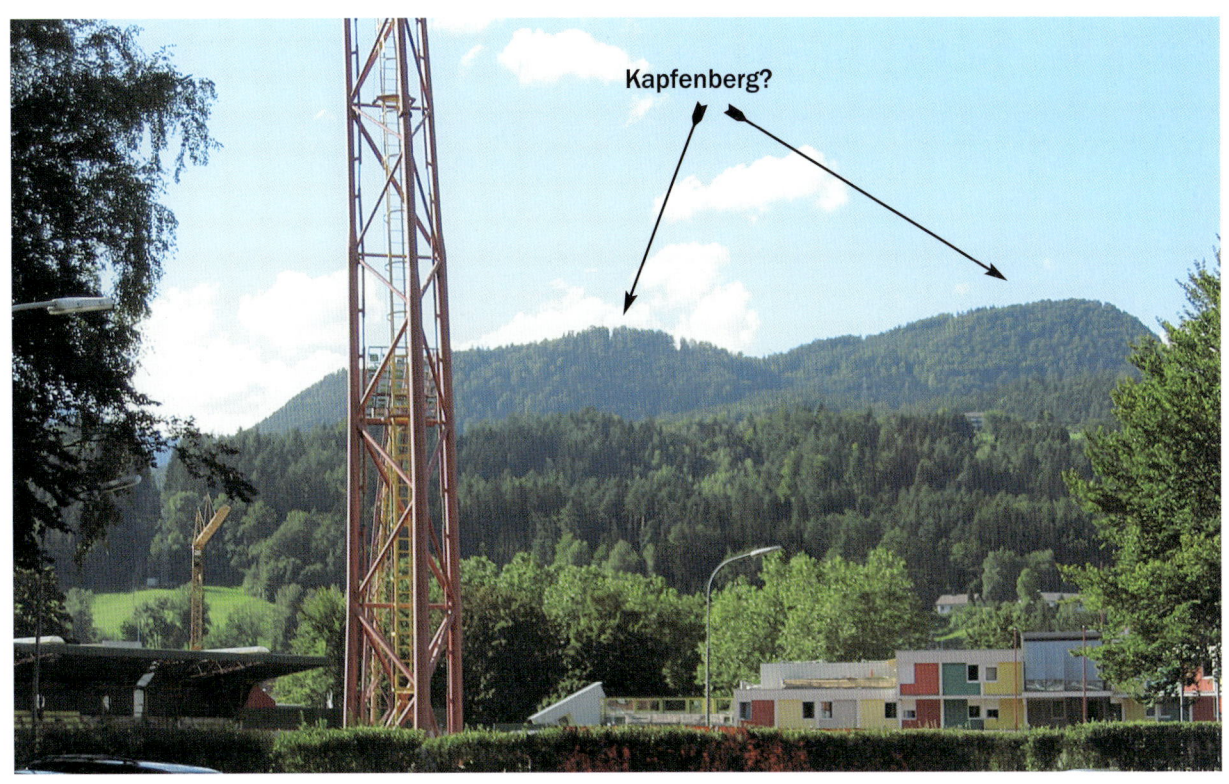

29

Das Vieraugengespräch

ZU BEGINN DES JAHRES 2004 plagten Josef Hickersberger große Probleme mit seinen Augen. Da die Öffentlichkeit davon nichts erfahren sollte, ließ er sich heimlich im „Göttlichen Heiland" unter wahrhaftig unglaublichen Schmerzen mit dem Laser seine Linsen reparieren und das Visier neu einstellen. Er lag mit einem älteren Mann in einem Zweibettzimmer. Am Tag nach der Operation beorderten die Ärzte den Trainer ins Erdgeschoß zur Kontrolle. Unterdessen schlenderte ein Mann in Hickes Stationszimmer und fragte den schlaftrunkenen Zimmerkollegen: „Der Hicke liegt da drüben, oder?" Der ältere Mann nickte nur mit dem Kopf, worauf der Fremde das Nachtkastl öffnete und Handy und Geldbörse herauskramte. Beim Verlassen des Zimmers verabschiedete er sich noch mit einem breiten Grinsen auf dem Gesicht: „Und schöne Grüße an den Pepi." Eine Stunde später kam Hicke geschlaucht von den Untersuchungen zurück ins Zimmer. Der Mitbewohner erkundigte sich der Form halber: „Du, hat dir dein Freund eh dein Handy und deine Geld-

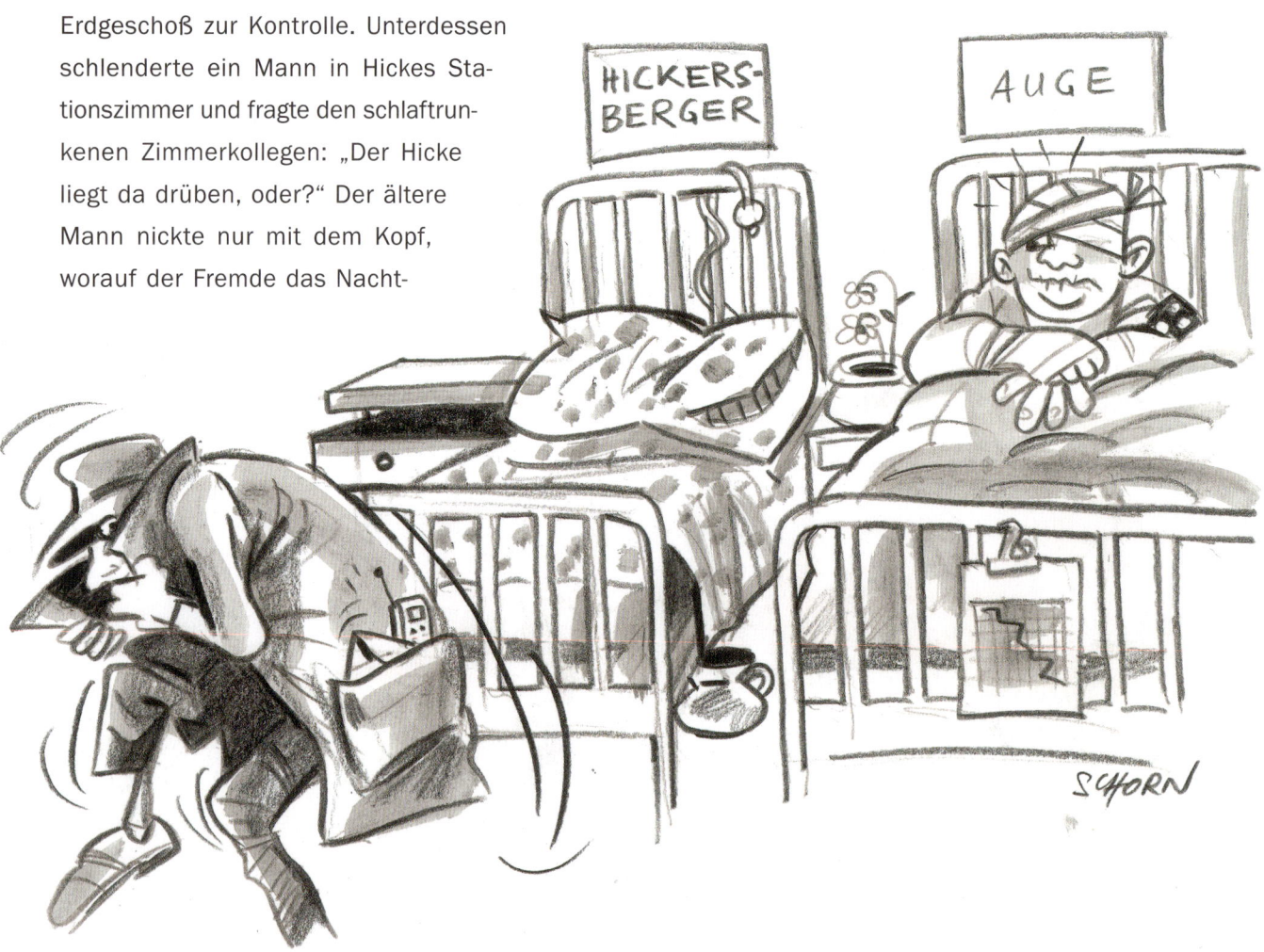

börse runter gebracht?" Hicke fiel es wie Schuppen von den eingebundenen Augen, der Schweiß spritzte ihm waagrecht von der Stirn. Flotten Schrittes eilte er zum Nachtkastl, und siehe da bzw. siehe nicht da: Die Wertgegenstände waren weg!

Wer den Schaden hat, hat bekanntlich auch noch den Spott. Der verzweifelte und bestohlene Herr Josef rief seinen Sohn Tommy an und erzählte ihm von seinen Erlebnissen. Thomas wollte seinen Vater beruhigen und fragte: „Du, Pepi, schaust dir auch gerade die Damen-Abfahrt im Fernsehen an?" Worauf der besonnene Hicke endgültig ausrastete: „Hau dich über die Häuser. Aber ruf mich an, wenn die Dorfmeister gefahren ist."

ZWEI WOCHEN SPÄTER im Hanappistadion. Co-Trainer Peter Persidis verrät beim Umziehen seinem Cheftrainer sowie Funki Feurer, dass auch er nicht mehr so gestochen scharf sieht und sich derselben Operation wie Hickersberger unterziehen muss. Hicke rät seinem „Co": „Lass alle Wertgegenstände daheim, glaube mir." Die Operation verlief ohne Komplikationen, gestohlen wurde auch nichts. Feurer, offensichtlich der einzig Sehende, schnappte sich einige Tage später seine

Hauptsache ein Trainer sieht alles…

Kollegen im Trainerkammerl: „Kommt's her, ihr Zwei, ich muss mit euch einmal unter vier Augen sprechen."

Seit dieser Zeit stehen Hickersberger und Persidis bei Matches nebeneinander am Spielfeldrand, weil jeder nur eine Hälfte beobachten kann…

Sommervorbereitung in Hütteldorf. Trainer Josef Hickersberger nimmt sich einen neuen Testspieler zur Seite: „Sind Sie auch stark am Flügel?"
Darauf der Spieler: „Nein, ich kann nur ein bissl Mundharmonika."

Zahltag am Golfplatz

DIE RAPID-COACHES Josef Hickersberger und Peter Persidis gelten als wahre Golf-Freaks. Eine ganz besonders böse Zunge in Hütteldorf behauptet gar, die beiden würden in der Trainerkabine mehr über den kleinen als über den großen Ball diskutieren, was natürlich so angezweifelt werden darf.

Im 14-tägigen Wintertrainingslager in der Türkei wollten die zwei „Tiger Woods" aus Wien-West den freien Nachmittag für eine gepflegte 18-Loch-Runde auf einem etwas weiter entfernten Golfplatz nützen. Das Duo borgte sich recht günstig ein Auto aus – 35 Euro für einen halben Tag. Das Benzin kostete einen läppischen Euro pro Liter, also nochmals 45 Euro. Die Fahrt konnte somit losgehen, Pepi & Peter düsten dem Green entgegen und gerieten nach wenigen Minuten in eine Polizeikontrolle. Nicht angeschnallt! Der Sheriff schlug sein Tarifbuch auf und verlangte 20 Millionen türkische Pfund. Wie haben, wenn nicht eine Bank ausrauben? Nach langen Verhandlungen einigte man sich auf erträgliche 20 Euro.

Nach Stunden endlich am Golfplatz angelangt, schnappten sich die Rapidler Schläger und Bälle und holten schon zum Abschlag aus. Doch wieder Stopp! Dem Greenkeeper gefielen die Sportschuhe überhaupt nicht. Also ab in die Boutique und echte Golfschuhe ausborgen – um 15 Euro das Paar. Schlussendlich reichte die Zeit für eine halbe Runde auf dem Platz, Hicke und Persidis kamen stinksauer ins Quartier zurück. Der Ausflug hatte insgesamt 130 Euro gekostet, von Erholung keine Spur. Wenigstens wurden sie von der Polizei nicht eingelocht!

Der Mordversuch

AUCH TRAINER Josef Hickersberger hatte einmal Geburtstag. Von Rapid bekam er eine wunderschöne Torte überreicht. Der von Golf-Einladungsturnieren gestresste Coach stellte sie im Trainerkammerl auf den Boden und vergaß in der darauf folgenden Woche wegen zahlreicher Termine völlig auf den Leckerbissen. Claudia Eichberger vom Sekretariat fiel das natürlich auf, sie erbarmte sich der Mehlspeise und gab sie sicherheitshalber in den Kühlschrank.

Weitere vier Wochen später, das schön verzierte Gebäck war noch immer nicht angeschnitten, sprach Co-Trainer Peter Persidis seinen Boss auf die Torte an: „Pepi, willst jetzt nicht endlich ein Stück essen. Das ist ja unhöflich den anderen gegenüber." Hicke zeigte sich einverstanden und bekam von „Herrn Ober" Persidis einen Teller serviert. Das Geburtstagskind führte unter den erwartenden Blicken der Anwesenden die Torte zum Mund und kaute nur ganz kurz auf ihr herum. Denn nach zwei Sekunden fiel ihm die völlig verdorbene Mehlspeise wieder aus dem Gesicht, Hicke verteilte das gute Stück im ganzen Zimmer, lief zuerst blau und grün an und wurde dann leichenblass. Persidis lachte herzhaft auf und meinte staubtrocken zu Feurer: „Siehst, Funki, so kannst' auch einen Cheftrainer absageln." Es handelte sich dabei um den ersten Mordversuch mit einer Geburtstagstorte in der Geschichte des Vereins.

Die Handy-Pfeife

DER NEUE CO-ZEUGWART Ernst Hochhofer, aufgrund seiner Haarfarbe kurz und bündig „Roter" genannt, besitzt eine spezielle Begabung: Er kann sämtliche Handy-Klingeltöne originalgetreu nachpfeifen. Rapid war unter Ernst Dokupil auf dem Weg ins Trainingslager nach Marbella, das Flugzeug stand schon auf dem Rollfeld, als plötzlich ein Handy in der Maschine zu läuten begann. Die Stewardessen sprangen entsetzt auf und lauschten gespannt, woher die Melodie kam. Hektisch rissen sie alle Gepäckladen über den Köpfen der Passagiere auf, das Handy hörte jedoch nicht zu läuten auf. Ernst Hochhofer versank immer weiter in seinem Sitz, rundherum zerkugelten sich schon die Spieler. Erst nach fünf unendlich langen Minuten hatte er mit den hübschen Flugbegleiterinnen Erbarmen, stand auf und pfiff einer den Klingelton ins Gesicht. Damit gab der „Rote" grünes Licht, die Maschine konnte endlich abheben.

Der ÖFB gab anlässlich der WM 1998 in Frankreich ein dickes Sonderheft über das Team heraus. Peter Schöttel wird darin unter anderem gefragt, welche Schlagzeile er denn am liebsten über sich lesen würde. Schöttel mit unbändigem Selbstvertrauen: „Rapids Peter Schöttel sagt spanischem Nobelklub Real Madrid ab!"

Der Doktor als Mittelstürmer

VOR HEIMSPIELEN ist Doktor Robert Lugscheider der Nervöseste von allen. Ruhepuls 180! Doch anstatt sich der hauseigenen Apotheke zu bedienen und Baldrian-Tropfen zu gurgeln, beruhigt sich der Herr Medizinalrat mit einem Schusstraining in der Kabine. Und das geht so: Ein Spieler wirft ihm dabei den Ball auf, worauf der Onkel Doktor im Stile eines Vollblutstürmers einen Volley-Hammer an die Wand nagelt. Ab und zu ist das Visier nicht optimal eingestellt und die Streuung sehr groß, dann müssen die Spieler mit Hechtsprüngen in Deckung gehen. Ein Mal fühlte sich „Lugi" top-motiviert und in Hochform, zog gnadenlos durch wie sonst nur Clint Eastwood und zer-

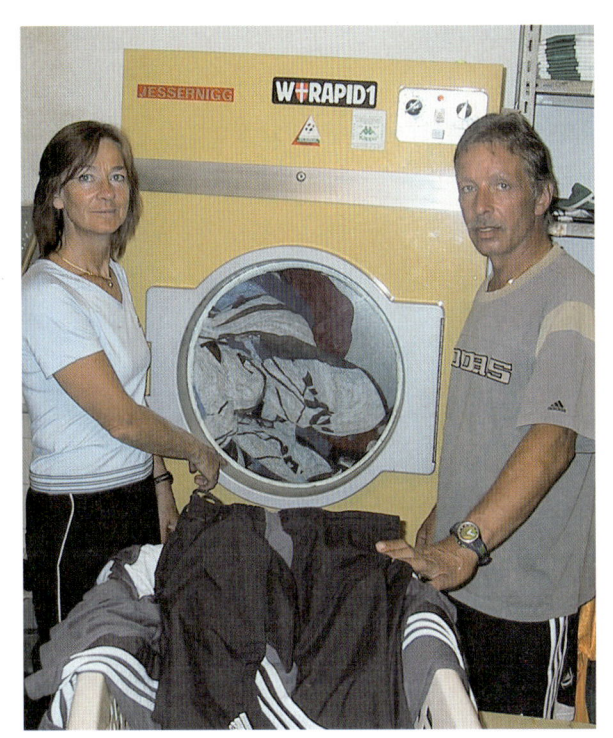

Das Zeugwart-Ehepaar Veronika und Johnny Ramhapp verbannte den Doktor nach dem Attentat auf den Wäschetrockner auf die Tribüne.

störte mit einem satten Schuss den Trockner von Zeugwart Johnny Ramhapp. Lugscheiders Puls kratzte an der 200er-Marke, kleinlaut gestand er den Fehlschuss. Johnny Ramhapp kannte kein Pardon, entzog dem Doktor den Ball wie einem kleinen Kind, verbannte ihn aus der Kabine und hängte ein Schild auf: „Ballspielen nur für den Doktor verboten!"

Letzter Auftritt für Antonin Panenka, Sergej Schawlo und Funki Feurer.

Schmerzen zum Abschied

ES GIBT VERSCHIEDENE Arten von Abschiedsspielen. In Deutschland zum Beispiel werden verdienstvolle Spieler mit einer tollen Gala und einem großen Geldkoffer in die wohlverdiente Kicker-Pension geschickt. In Österreich werden gewöhnlich nur die wirklich Guten verabschiedet. Rapid erwies Anfang der 90er-Jahre Tormann Funki Feurer gemeinsam mit Antonin Panenka und Sergej Schawlo diese Ehre und veranstaltete im Hanappistadion ein hochkarätiges Match gegen Andi Herzogs Werder Bremen. Exakt 12 Sekunden nach Anpfiff griffen die Bremer über die rechte Seite an und brachten einen gefährlichen Stang'lpass zur Mitte. Feurer hechtete sich mutig in den Ball und wurde dabei vom heranrutschenden Stürmer mit gestrecktem Bein nieder gegrätscht – 0:1 für Bremen. Sieben Minuten lang quälte sich Feurer weiter. Danach zog er die Handschuhe für immer aus und humpelte vom Feld.
Fazit: Während einige Spieler bei solchen Partien noch viel Geld einstreifen, bekam Funki zum Abschied nur sehr viele Schmerzen.

„**Super, Adi, give me five!**"

Heute platzieren und schon morgen in einer der über 3.800 Annahmestellen groß abkassieren. Mit tipp3, der täglichen Sportwette, lassen Sie so richtig die Kassa klingeln.

Kassieren wie die Profis.

www.tipp3.at

tipp3

Heute platzieren, morgen kassieren!

Ein Geburtstag zum Weinen

ÖSTERREICH BLICKTE vor einiger Zeit stolz auf Hütteldorf. Rapid-Arzt Doktor Robert Lugscheider zelebrierte am 24. Jänner 2004 am Gerstenboden zu Sankt Ottakring seinen 60. Geburtstag. Von der Rapid-Familie erhielt der Hobby-Sommelier einen Gutschein von „Wein & Co". Einzulösen bis Ende 2004 in der Lugner City.

Einen Monat später wollte die Familie Lugscheider zum Valentinstag gemütlich mit einem guten „Roten" anstoßen. Lugis Gattin fuhr daher mit großem Einkaufskorb in die Lugner City, fand aber nirgends einen „Wein & Co". Eine Nachfrage ergab: Es gab dort seit einem Jahr keine Filiale mehr! Lugscheider vermutete schon wieder einen bösen Scherz von Spielern und Betreuern, freute sich aber insgeheim reingelegt worden zu sein und spielte das Spiel mit. Er biss sich auf die Zunge und sagte kein Wort, damit er sich nicht blamierte. Vorerst. Nach vier Wochen wurde es ihm zu blöd, und er wandte sich an Masseur Wolfgang Frey, Schutzpatron der Wadeln: „Du, Wolfi, mit dem Geschenk habe ich wirklich eine Freude. Da habt's mich schön hineintheatert." Frey schüttelte unwissend den Kopf und versicherte, dass es sich um ein ernst gemeintes Geschenk und sicher nicht um einen Schmäh handelte.

Zwei Fünfziger, ein Sechziger: wer ist der Älteste in dieser Runde?

Jungmediziner Lugscheider beim Europacupfinale 1985 in Rotterdam

Stadionsprecher Andy Marek beorderte sogleich ein Mitglied des Sekretariats in die Lugner City – und siehe da: Es gab noch immer keine „Wein & Co"-Filiale. Es stellte sich heraus, dass die Rapidler ihren Onkel Doktor aufgrund der Nähe zu Hütteldorf in das Einkaufszentrum schicken wollten, wussten aber nicht, dass es dort seit einem Jahr alles gab – nur keinen „Wein & Co". Der Gutschein wurde in Windeseile in der Shopping-City eingelöst. Dennoch war Lugi ein wenig enttäuscht, weil ein Streich der Spieler für ihn eine echte Hetz' gewesen wäre. Dafür sitzt er für längere Zeit nicht auf dem Trockenen und versichert seinen Burschen bei jedem Spiel, dass er noch nie in seinem Leben von so vielen Flaschen umgeben gewesen ist.

Oscarverdächtig: Schwester Lugi

Plakatieren erlaubt!

RUNDE GEBURTSTAGE sind meist Anlässe für besondere Aktionen. Der eine bekommt eine Harley Davidson geschenkt, andere mieten gleich die Wiener Stadthalle für eine Feier. Zu seinem 50er sollte Herbert Feurer, der gewöhnlich bei Rapid so gut wie alle am Schmäh hält, ausnahmsweise einmal selbst gehäkerlt werden.
Seine Tochter Sandra ließ ihre beruflichen Kontakte spielen und bestellte bei der Firma Heimatwerbung eine Plakatfläche in der Keißlergasse gleich neben dem Bahnhof Hütteldorf. Mit einem Profi-Grafiker entwarf sie ein überdimensionales Geburtstagsplakat. Am Abend vor dem Geburtstag, also noch am 13. Jänner, wurde die Glückwunsch-Botschaft affichiert. Am 14. stand auf Hickes Trainingsplan vormittags nur ein Ausdauerlauf in Schönbrunn, an dem auch die beiden Torleute Payer und Maier teilnehmen mussten. Funki war somit für einen halben Tag arbeitslos.

Die Spieler düsten in ihren Autos weg, parkten sich gleich nach 300 Metern beim Rapid-Würstelstand neben dem Bahnhof ein und versammelten sich bei dem Plakat. Zwei Kunden kauten soeben an ihren Käsekrainern. Fragte der eine den anderen: „Sag, ist das nicht der Persidis? Der ist aber alt

Die Mannschaft gab ein Ständchen zum Besten – Gottseidank fuhren zahlreiche Autos und im Hintergrund eine Eisenbahn vorbei, womit man das Gegröle nicht hörte.

worden." Gibt ihm der andere Recht: „Schau, der kommt nicht einmal die kleine Böschung da rauf."

Saukalt war's, Schneeregen wehte den Spielern waagrecht in die Gesichter. Alles war angerichtet, Reporter von Wien Heute und der Kronen Zeitung lauerten schon. Nur das Geburtstagskind fehlte. Trainer Hickersberger funkte per Handy Feurer an und versuchte ihn trotz bester Ausreden vergeblich vom Hanappistadion weg zu bewegen. „Ich hab jetzt für ein paar Stunden frei, lass mi in Kraut", soll Hickes Assistent freundlicherweise geantwortet haben.

Schließlich gelang es Andy Marek doch noch, Feurer in sein Auto zu verfrachten und zum Plakat zu chauffieren. Die Überraschung gelang. Die Mannschaft überreichte ihm ein eigens angefertigtes Geburtstags-Trikot und gab ein „Happy Birthday"-Ständchen zum Besten. Sängerknaben waren die Burschen allerdings keine...

Lager-Koller

IM WINTER 2004 hieß es für die Grün-Weißen „Ab in den Süden, der Sonne und den schönen Fußball-Plätzen hinterher". Man flog in die Türkei um sich mit einem 14-tägigen Trainingslager auf die Frühjahrssaison vorzubereiten. Die Plätze lagen rund 30 Minuten mit dem Bus von der Hotelanlage entfernt, der Tagesablauf gestaltete sich daher ziemlich eintönig: Frühstücken, Training, Mittagessen, Training, Abendessen. Rundherum herrschte in der Gegend Einöde, Abwechslung gab es kaum. Ein echter Lagerkoller drohte schon.

Nach zehn Tagen klingelte bei Tormanntrainer Herbert Feurer plötzlich das Telefon, eine ihm bekannte Stimme meldete sich. Sein früherer „Lehrbua" Ernst Dokupil erkundigte sich nach Funkis Befinden. Feurer erzählte von den Umständen und den Strapazen, klagte sein Leid.

Zwei Tage später, schon gegen Ende des Lagers, klopfte es an Feurers Zimmertür im Hotel. Zu seiner Überraschung stand ein UPS-Bote vor ihm und überreichte ein großes Kuvert. Der Inhalt: auf einem gestochen scharfen Digital-Foto war Ernst Dokupil mit einem Glaserl Rotwein und einer dicken, fetten Havanna in Händen zu sehen. Darüber stand groß zu lesen: „So schön kann das Leben sein."

P.S.: Das Trainingslager war sicher nicht schuld, dass die Leistungen im Frühjahr nicht ganz den Erwartungen entsprachen.

Foto: KR Dkfm. Alfred Karny

Schifferlversenken

NACH SEINER erfolgreichen Zeit bei Rapid mit dem Einzug ins Europacup-Finale hat Ernst Dokupil mit dem aktiven Fußball so gut wie nichts mehr am Hut. Seit knapp einem Jahr widmet er sich einer ganz anderen Sportart – dem Rudern! Dokupil trainierte in Unterwaltersdorf tagaus, tagein wie ein Berserker auf einer eigens abgesteckten Strecke – für die Olympischen Spiele in Athen! Das erforderliche Limit des ÖOC verfehlte der „Doppelte im Einer", wie er von guten Freunden genannt wird, schlussendlich nur ganz knapp. Im entscheidenden Lauf ging der ehemalige grün-weiße Sportdirektor fürchterlich baden. Der durchtrainierte Modellathlet erhöhte die Schlagzahl dermaßen, dass er das aerodynamische Schifferl nach allen Regeln der Kunst versenkte.

Dieses Malheur erfuhr noch am selben Tag Rapid-Coach Josef Hickersberger, der sogleich zum Telefon griff und seinen früheren Kollegen an der Outlinie Trost spenden wollte: „Ernstl, bitte, wie geht es, dass du dein Boot versenkt hast? Rein physikalisch ist es doch nicht möglich, dass man mit so einem Schwimmreifen untergeht!" Wie man sieht, können auch einst erfolgreiche Trainer Schiffbruch erleiden.

Fahrerflucht

EIGENTLICH GILT Ernst Dokupil als besonnener, guter und sicherer Autofahrer. Nach einem Rapid-Spiel im Happelstadion verließ der damalige Trainer nach Pressekonferenz und unzähligen Interviews sehr spät und ziemlich geschlaucht das Stadion. Der Parkplatz war so gut wie leer, Dokupil schaltete in den Retourgang und zischte punktgenau in die einzige Laterne weit und breit. Die Stoßstange hing zu Boden, das Auto musste zu Rapid-Sponsor Andi Kamper zur Reparatur und Dokupil mit einem Leihauto Vorlieb nehmen. Drei Tage später fuhr er nach Neusiedl um sich seinen fahrtüchtigen Boliden aus der Box abzuholen. Dokupil setzte sich hinters Steuer, stellte sich souverän die Seitenspiegel ein, schaltete wieder in den Retourgang – und drehte den Kopf natürlich nicht nach hinten. Statt 3-S-Blick nur ein 2-S-Blick. Mit vollem Karacho krachte er einem parkenden BMW in die Frontpartie. Bei Dokupils Auto fetzte es wieder die Stoßstange runter, der BMW zeigte sich links vorne etwas zerdrückt.

Mit breitem Grinser betrat Dokupil sogleich ein weiteres Mal das Autohaus und erklärte seelenruhig Andi Kamper das ach so böse Schicksal mit dem Retourgang, worauf der Autohändler nur die Hände über dem Kopf zusammenschlug. In dem Moment, als sich beide den Schaden ansehen wollten, sauste jedoch der rote BMW mit einem Quietscherl und rauchenden Reifen davon. Wie sich nach einiger Zeit herausstellte, dachte der Fahrer, er selbst hätte Dokupils Auto beim Ausparken beschädigt. Ob dieser Peinlichkeit beging er gleich Fahrerflucht am Parkplatz des Autohauses. Ernst Dokupil, der angeblich seither nie wieder in den Retourgang geschaltet hat und nur noch vorwärts braust, war somit fein aus dem Schneider: Der Wagen wurde noch einmal einer Reparatur unterzogen, die Versicherung zahlte anstandslos den Schaden. Wegen Fahrerflucht.

10-Zylinder
+ 750 Nm Drehmoment
+ 3.500 kg Anhängelast
= Der Touareg.

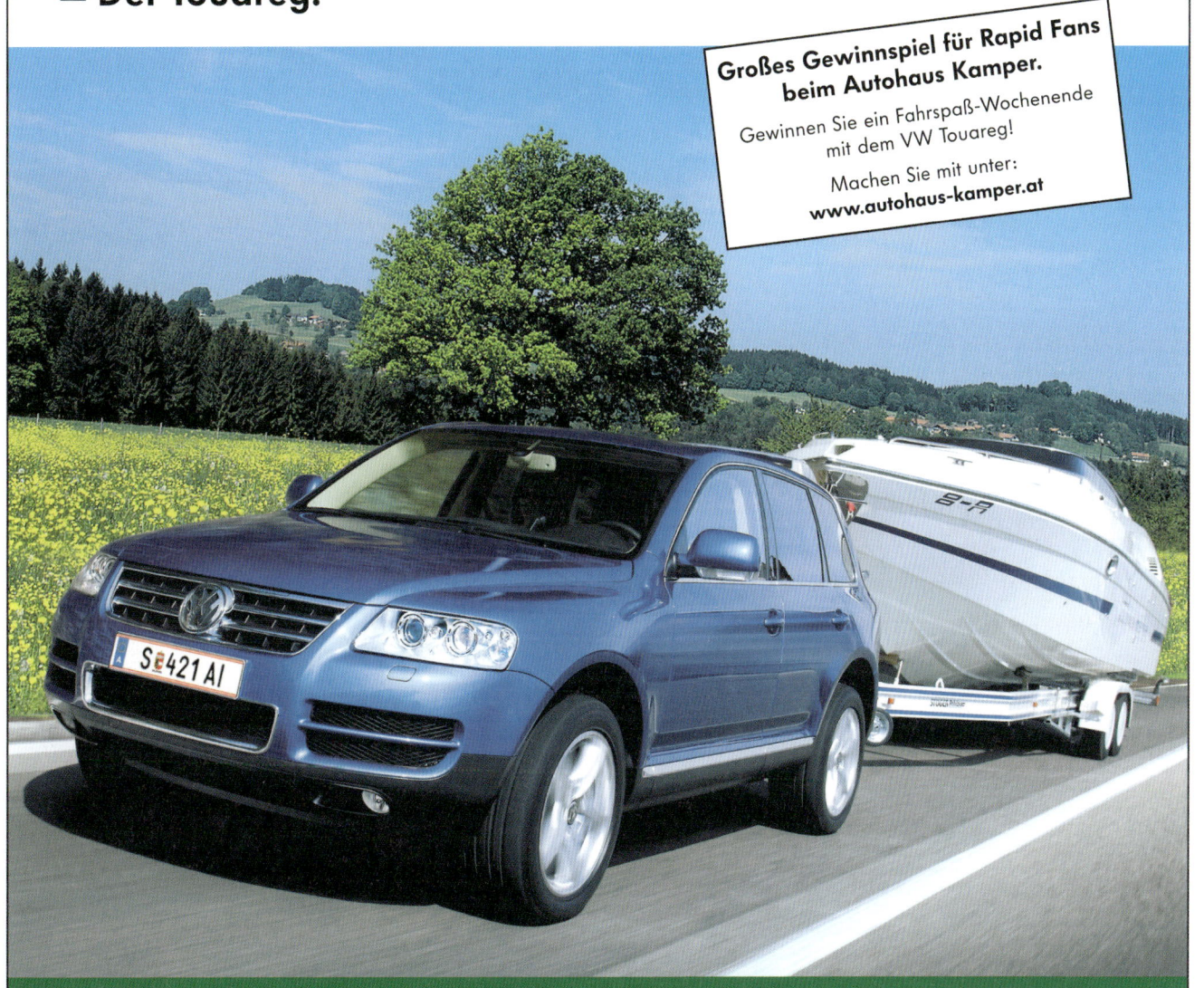

Großes Gewinnspiel für Rapid Fans beim Autohaus Kamper.

Gewinnen Sie ein Fahrspaß-Wochenende mit dem VW Touareg!

Machen Sie mit unter:
www.autohaus-kamper.at

Der SK RAPID liegt uns am Herzen, so auch seine FANS. Ich und mein VW Verkaufs- und Service-Team sind stets bemüht Sie exklusiv und bestens zu betreuen. Bleiben Sie am Ball mit VW – damit Sie kein Spiel verpassen! Alle Informationen zu unserem Betrieb und den SK Rapid Aktivitäten finden Sie auf unserer Homepage unter: www.autohaus-kamper.at.

Josef Kamper

Kamper

7100 Neusiedl/See, Untere Hauptstraße 187
Telefon 02167/8100-0

Kraftstoffverbrauch gesamt Touareg V10 TDI (313 PS) 12,2 l/100 km. CO_2-Emission: 329 g/km.

Die Assistenten

FUNKI FEURER war eines Sommertages in Unterpullendorf bei Freunden zu einer Grillerei eingeladen. Mit von der Partie war auch der Chef der Straßenverwaltung für das Burgenland, ein Hofrat mit nicht allzu großen Fußballkenntnissen.

Nach einiger Zeit pirschte sich der Herr Hofrat auf leisen Sohlen wie ein Indianer an Feurer heran und wollte wissen, was er denn beruflich so alles mache. Feurer erklärte ihm, dass er bei Rapid als Tormanntrainer arbeite und auch für das Nationalteam tätig sei. „Schauen Sie: da gibt es den Otto Baric, und dann den Didi Constantini und mich. Wir sind die Assistenten von Baric."

Da ging dem Hofrat ein Licht auf und er konterte: „Ich verstehe, dann sind Sie Linienrichter."

Schwierige Vertragsverhandlung im Rapid-Sekretariat. Das Nachwuchstalent zu Manager Stefan Ebner: „Also, wie hoch ist jetzt mein Gehalt?" Stefan Ebner: „Schau, zunächst bekommst 2.000 Euro netto monatlich, später dann mehr." Meint der Spieler: „Gut, dann komme ich später wieder."

Für die Fisch'

VOR GAR NICHT allzu langer Zeit bekleidete Herbert Feurer noch den Posten des Tormanntrainers im ÖFB-Team, das sich zu dieser Zeit des Öfteren im Nationalpark im burgenländischen Illmitz auf die schwierigen Spiele vorbereitete. Zwischen Vormittags- und Nachmittagstraining nützte Feurer einmal die Zeit, um Bekannte in Podersdorf zu besuchen. Er schwang sich auf das Fahrrad und trat mit nacktem Oberkörper in die Pedale wie Rapid-Manager Werner Kuhn gewöhnlich auf Bergetappen bei der Österreich-Radrundfahrt. Um stets erreichbar zu sein, hatte Feurer sein Mobiltelefon in der hinteren Hosentasche eingesteckt.

Er flitzte den Schilfgürtel entlang und kam zu einem Holzsteg, der über ein kleines Bacherl führte. Genau in diesem Moment läutete das Telefon, Feurer hob ab und radelte lässig einhändig weiter. Ein schwerer Fehler! Mit dem Vorderrad fädelte er zwischen den Holzbrettern ein, das Handy segelte in hohem Bogen in den Bach, Feurer selbst flog über den Lenker aufs Kreuz. Welch Sturz im Zielsprint! Der Tormanntrainer rappelte sich auf und stieg hinunter in den Bach, um sich sein Telefon zu angeln. Wie er so gebückt im Wasser stand, kamen Einheimische vorbei, die ihn sofort erkannten: „Herr Feurer, das ist zwecklos. In diesem Bach gibt's keine Fisch'!"

Die Wette mit dem Schal

AUF DEM WEG ins Europacup-Finale in der Saison 1995/96 bleibt das Duell mit Sporting Lissabon wohl allen Rapid-Fans als legendäres Erlebnis in Erinnerung. Carsten Jancker traf mit einem Turban, nachdem er an seinem Eisenschädel ein Cut erlitten hatte. In letzter Minute rettete sich Rapid nach dem ernüchternden 0:2 von Lissabon im Happelstadion in die Verlängerung.

Der heutige Rapid-Präsident Rudolf Edlinger saß damals während der Partie in einer Sitzung des Landtages. Den Reden hörte er nicht zu, mit einem Ohrwaschl lauschte er stets dem Match und ließ sich im 5-Minutentakt die Zwischenstände durchgeben. Knapp vor Schluss flüsterte er seinem Kollegen in der Sitzbank zu: „Wenn wir noch den Aufstieg schaffen, dann komme ich morgen mit einem Rapid-Schal zur Sitzung." Kaum hatte er den verhängnisvollen Satz ausgesprochen, stand es schon 2:0, Rapid fertigte die Portugiesen in der Verlängerung mit 4:0 ab.

Am nächsten Tag stand Edlinger um 9 Uhr mit einem Rapid-Schal und geröteten Augen hinter dem Rednerpult des Landtages. Die Aufstiegsfeiern dürften auch bei ihm länger gedauert haben.

…Die besten "Wuchteln" gibt´s in diesem Buch...

Die besten Pizzen gibts bei

www.pizzaontour.at

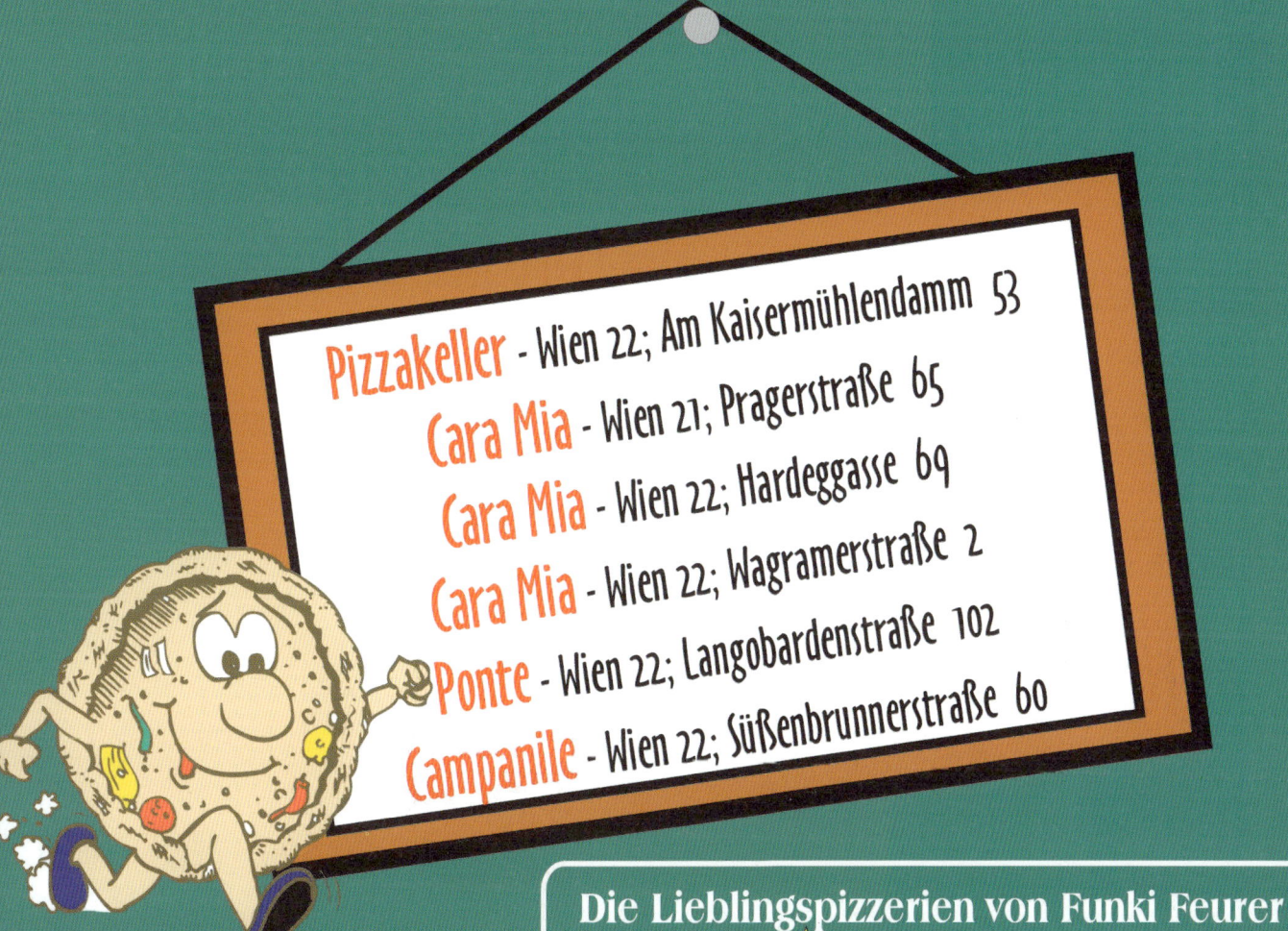

Pizzakeller - Wien 22; Am Kaisermühlendamm 53
Cara Mia - Wien 21; Pragerstraße 65
Cara Mia - Wien 22; Hardeggasse 69
Cara Mia - Wien 22; Wagramerstraße 2
Ponte - Wien 22; Langobardenstraße 102
Campanile - Wien 22; Süßenbrunnerstraße 60

Die Lieblingspizzerien von Funki Feurer
und aller RAPID Spieler und Mitarbeiter

www.pizzaontour.at

Herzlich willkommen in den besten Pizzerien der Stadt !

Fan-sat

IN DER FUSSBALL- UND FANSZENE spricht man eine andere Sprache. Die grünen Schlachtenbummler nehmen oft die Floskel „Rapid ist eine Religion" in den Mund. Mag schon sein, dass es bei den grünen Göttern in kurzen Hosen oft übermenschlich zugeht. Nicht umsonst wird das „tägliche flüssige Brot" an Samstagen in der heiligen Kathedrale zu Sankt Hanappi ausgeschenkt. Für mich ist Rapid mehr als eine Religion. Rapid ist eine Lebenseinstellung, der ich fast alles im Leben unterordne. Ich bin mir sicher, damit spreche ich im Namen zahlreicher grüner Fanseelen.
Die Fanklubs haben vor allem in den letzten Jahren viel in den Fußball und in Rapid investiert. Privatleben, Urlaube und Freizeitgestaltung wurden

ionell

auf den Spielplan des grün-weißen Götterballetts abgestimmt. Bausparverträge wurden für Choreographien und Auswärtsreisen ausbezahlt. Beziehungen wurden aufs Spiel gesetzt. Nach der einen oder anderen nicht so erfolgreichen mehrstündigen Auswärtsfahrt spielt man kurz mit den Gedanken und stellt das Verhältnis von Input und Output in Frage. Aber das Grübeln hält oft nur einige Augenblicke an, denn auch wenn es sportlich nicht so gut gelaufen ist, durch zahlreiche lustige Episoden und Wuchteln wurde man fast immer ordentlich entschädigt. Auf den folgenden Seiten finden sie sogenannte Fanwuchteln und Impressionen zahlreicher Rapidfans.

God bless Hütteldorf,
Funki jun.

Fußballer-Wahl: Die Veilchen ausgetrickst

BEI DER WAHL der Kronen Zeitung zum Fußballer des Jahres im Dezember 1980 kam es im Finish – wie fast jedes Jahr – zum Duell Rapid gegen Austria bzw. in diesem Fall Funki Feurer gegen Schneckerl Prohaska.

Roland Kresa vom damaligen Rapid-Fanclub „Die Löwen" war es ein ganz besonderes Anliegen, dass ein Grüner am Ende die Nase ganz vorne haben würde. Also beschloss er, in einer Nacht- und Nebelaktion mit zwei Freunden das damalige

Wahl zum „Rapidler des Jahres": 1. Funki Feurer, 2. Peter Persidis – auch heute ist Letzterer nur Co-Trainer.

Pressehaus aufzusuchen, wo sich in einigen Containern noch tausende alte Zeitungen türmten. Die drei hatten größte Mühe, in die 3 bis 4 Meter hohen Container zu gelangen. Endlich drinnen, ertönte plötzlich eine wütende Stimme: „Wos mocht's denn ihr do?" Kresa blickte sich um und erkannte zwei Fanatiker mit derselben glorreichen Idee. Roland waren die beiden irgendwie suspekt. Da er alle verrückten Grünen kannte, antwortete er mit überzeugter Stimme: „Na, wir sammeln für den Schneckerl". Volltreffer! Rolands Vermutung entpuppte sich als richtig, und die Löwen wurden herzlichst von den beiden Sympathisanten vom Verteilerkreis aufgenommen. Über zehn Stunden verbrachten die „Altpapiersammler" im Big Brother-Container mit dem Sammeln von Stimmzetteln. Irgendwann war der gesamte Mist aufgeräumt, alle machten sich auf den Heimweg. Zuerst kletterten die grünen Löwen aus dem sperrigen Blechcontainer. Taktisch ausgefuchst, boten sie den beiden anderen ihre „Hilfe" an: „Schmeißt uns die Säcke rüber, dann könnt ihr leichter klettern." Gesagt, „blöderweise" getan! Als die beiden Austrianer dem Container entstiegen, waren Roland und seine Löwen samt aller Stimmzettel längst in Hütteldorf. Die nächsten drei Tage verbrachten die Rapidler mit ausschneiden, beschriften und bündeln. Mit rund 23.000 Stimmzettel für „ihren" Funki schlenderten sie dann zum Pressehaus. Kresa stöhnte auf, als er im Portier einen weiteren Violetten erkannte.

Roland Kresa geht seit jeher auf Stimmenfang für seine Rapidler.

Der Portier wollte ihnen zuerst den Eintritt verwehren, doch die Löwen zeigten ihre Krallen, sperrten den violetten Pförtner flink in seinem Häuschen ein und überbrachten stolz 23.000 Stimmen. In der Zwischenzeit wurde der aufgebrachte Portier von der von ihm verständigten Polizei aus seinem Knusperhäuschen befreit. Beim Verlassen des Gebäudes hielten zwei Exekutivbeamten die Rapidler auf. Kresa versuchte den verständnisvollen Polizeibeamten die Situation zu erklären, ehe der eine Beamte einlenkte und fragte: „Für wen habt ihr überhaupt g'sammelt?"
„Natürlich für den Funki", kam es Roland wie aus der Pistole geschossen. Der Polizist darauf: „Na dann schaut's, dass ham kummt's, wir haben nix g'sehen."

Macht die Welle!

EUROPACUP-SCHLAGER Petrolul Ploiesti gegen Rapid Wien in Rumänien. Den treuesten der treuen Rapid-Fans war selbst dieser Trip ins tiefste Rumänien zu Draculas Nachkommen für die beiden Farben, die die Welt bedeuten, nicht zu weit. Deshalb charterten sie einen Flieger.

An Bord waren zahlreiche „Frischlinge", also Anhänger, die zuvor noch nie in ihrem Leben geflogen waren. Die Stimmung im Flieger war ausgelassen, die Zutaten Hopfen und Malz sorgten für Hochgefühle. Auf der idealen Reisehöhe von 10.000 Metern starteten einige Fans im vorderen Teil der Maschine die Welle. Eine Riesenhetz' in luftiger Höhe. „La Ola" ging etliche Male durch die Sitzreihen des grünen Fanfliegers.

Der Kapitän im Cockpit hatte damit seine „helle" Freude und schloss sich dem wilden Treiben auf seine Art und Weise an. Er schwenkte gekonnt den Jet minutenlang auf und ab. Das Stimmungsbarometer in der Business-Class fiel gegen Null, so mancher Jungfernflieger war plötzlich grün im Gesicht. Und das sicher nicht wegen seiner Liebe zu Rapid! Der Kapitän hatte seinen Spaß mit den grün-weißen Anhängern. Durch das Bordmikrophon stellte er mit lachender Stimme klar: „Was ihr könnt's, kann ich schon lange."

Ein Augen- und Ohrenzeuge dazu: „Von diesem Moment an hätte man wohl eine fallende Stecknadel gehört, so angespannt sehnten sich die Erstflieger der Landung entgegen."

Wolfgang Hagen, Obmann des Fanclubs „Rapid M@ilers", ärgerte sich im Juni 1999 über die Kritik der Medien an der Transferpolitik der Grün-Weißen: „Die Zeitungen und die Leute lästern, Rapid hätte einen Griechen gekauft, den keiner kennt. Wen hätten sie denn verpflichten sollen? Einen Brasilianer, den jeder kennt?" Übrigens ging es dabei um Andreas Lagonikakis, der die Fußballschuhe ausgezogen hat und in Griechenland am Strand Chef eines Sonnenliegen- und Sonnenschirm-Verleihs ist.

Meidling-International-Airport

RAPID IST IMMER eine Reise wert. Ganz gleich, ob es die Mannschaft in die rumänische Provinz oder an den Atlantikstrand verschlägt – einen echten Grünen können weder sanierungsbedürftige Schnellstraßen in den Osten noch „günstige" Pauschal-Charterflug-Angebote erschüttern. Mitte der Neunzigerjahre, als sich die Herren Kühbauer, Stumpf & Mitspieler anschickten, in Europas Fußball-Arenen den Rapid-Walzer zu tanzen, hieß es für die „You-will-never-walk-alone"-Fraktion im West-Sektor, das Sparschweindl zu schlachten. Im Spätsommer 1995 etwa stand nach dem Aufstieg gegen Petrolul Ploiesti in der zweiten Runde des Cups der Cupsieger die Begegnung mit dem portugiesischen Traditionsverein Sporting Lissabon auf dem Programm. Als hätten die 200 mitgereisten Rapid-Fans damals schon geahnt, dass sie am Beginn des historischen Weges ins Finale stehen, konnte auch eine 0:2-Auswärtsniederlage im Hinspiel gegen Sporting der Stimmung auf dem Flughafen von Lissabon nichts anhaben. Gesungen wird immer – auch am Check-In-Schalter um zwei Uhr morgens.

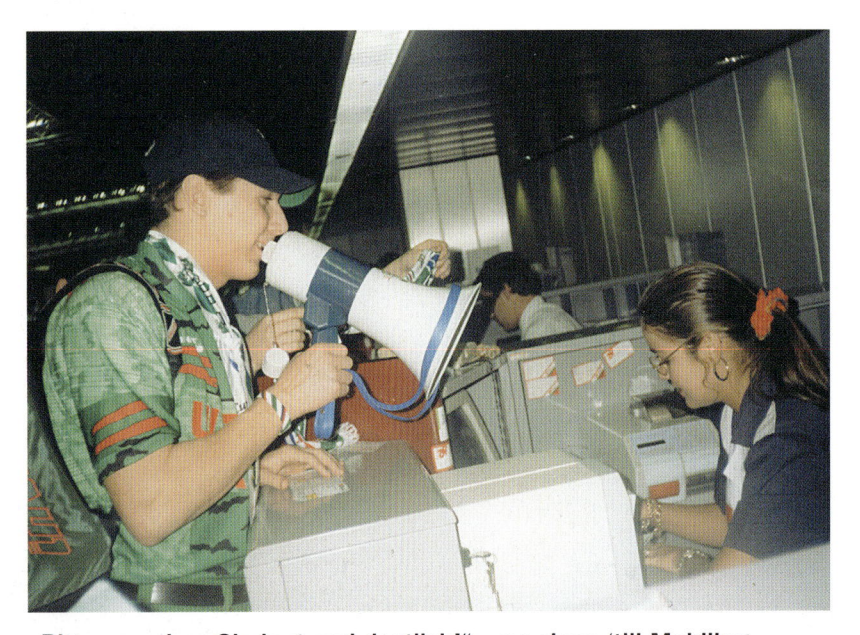

Die Dame in der hübschen Uniform neben dem Gepäcksförderband staunte nicht schlecht, als der Fröhlichste der fröhlichen Ultras – Paul Österreicher – sich das Einpeitscher-Megaphon schnappte, um bei der Ticketkontrolle am Schalter noch einmal laut, deutlich und batterieverstärkt seine Wunschdestination bekannt zu geben: „Einmal Meidling, non-smoker, please!", klang es blechern aus der Flüstertüte!

„Bitte sprechen Sie laut und deutlich!" – no sleep 'till Meidling.

Rapidfans ließen die SAU raus

ÖFB-CUP-SPIEL gegen Hennersdorf in Niederösterreich. Zahlreiche Rapidfans ließen es sich nicht nehmen ihre Götter in kurzen Hosen auch fern von Wien lautstark zu unterstützen. Da man bereits einige Stunden vor Spielbeginn in der Metropole an der Südautobahn angekommen war, beschloss die grüne Fanschar es in Hennersdorf so richtig krachen zu lassen. Viele Sehenswürdigkeiten konnten nicht besichtigt werden, vielmehr erblickte man einen Bauernhof neben dem anderen.

Um ein wenig Action in den tristen Alltag der Einheimischen zu zaubern, drang man in einige Ställe ein und ließ dort den Schweinen freien Lauf. Die Fans hatten ihre Gaudi, die „Saubären" stellten den halben Ort auf den Kopf. Obwohl sie keinen Schaden anrichteten, hatten die Bauern mit dieser Aktion weniger Freude und alle Hände voll zu tun, die Ausbrecher wieder einzufangen. Das Cupspiel wurde mit viel Mühe und „Schwein" von Rapid knapp gewonnen. Nach der Partie erlebten die grün-weißen Fans aber ihr blaues Wunder: einige Bauern warteten auf sie mit Heugabeln und Prügeln, um sich für die Saubärbefreiung zu rächen. Da hatten die Fans wahrlich „Sau", dass sie über schnelle Beine verfügten.

Schwein gehabt

RAPID-FANS treffen immer den richtigen Ton. Höflich, aber bestimmt, geben die Männer und Frauen auf der Westtribüne den Spielern des Gegners zu verstehen, dass es im Hanappi-Stadion eigentlich nichts zu holen gibt – keine Punkte und keine Prämien. Auch Schiedsrichter werden stets in korrektem Umgangston darauf aufmerksam gemacht, was sich das zahlende Publikum erwartet. Warum also sollte es bei Stewardessen anders sein?

Auf einem Flug mit einer Lauda-Air-Charter-Maschine in Richtung Manchester wurde den durchwegs grün-weiß adjustierten Bordgästen via Mikrofon die Do&Co-Speisekarte vorgelesen: „Sie können heute wählen", säuselte die Flugbegleiterin mit sexy Stimme ins Mikro, „zwischen zarter Barbarie-Ente auf Mandarinenschaum oder gebratenen Schweinsrücken-Steaks an Preiselbeermark und Safranreis."

Als wären alle 120 Plätze von des Asterix wildschweinsüchtigem Freund Obelix besetzt gewesen, erklang unisono ein kehliges und markerschütterndes Stakkato samt entschlossen geballter Fäuste durch die Sitzreihen: „SCHWEINS-BUCK-EL", „SCHWEINS-BUCK-EL, SCHWEINS-BUCK-EL!!!" Die Stewardessen wussten somit, was sie zu servieren hatten.

Der Phantom-Fanclub

WIE JEDES JAHR absolvierte das grüne Voralpengötterballett im Rahmen der Sommervorbereitung etliche Spiele gegen diverse Aufbaugegner. So auch im Sommer 2004. Die Rapid-Familie pilgerte ins niederösterreichische Zistersdorf, wo man auf den SC Untersiebenbrunn traf. Zahlreiche Fanclubs schmissen sich in den Windschatten der Mannschaft und fanden den Weg zum Match, ausgestattet mit Transparenten, Fahnen und Pyrotechnik. Nicht nUR die Spieler und der Betreuerstab wurden von den Gastgebern herzlichst empfangen, sondern auch jeder einzelne Fanclub wurde vom sehr engagierten Platzsprecher begrüßt: Zuerst die Ultras, dann die Tornados, natürlich auch Sempre in Olio. Zu guter Letzt begrüßte er noch ganz herzlich den Rapid Fanclub Acab aus Wien. Im Rapid-Sektor blickte man sich fragend an und brach dann in Gelächter aus. Von diesem Fanclub wusste keiner etwas. Dem Vorsänger der Ultras verschlug es vor lauter Lachen zuerst fast die Sprache, in Folge wurde der neue Fanclub mit „Acab"-Sprechchören lautstark gefeiert.

Nach dem Spiel irrten exakt 1312 Fans in Zistersdorf herum auf der Suche nach dem Fanclubchef von „Acab" zwecks Beitrittsformular. Das Phantom der Westtribüne, ein Fanclub, den es gar nicht gab, da es sich bei „Acab" lediglich um einen Schlachtruf handelt.

Der steife Hut

ANEKDOTEN von Rapid-Fan Peter Österreicher: „Als ich ein kleiner Bub war, bat ich immer meinen Onkel Schani um die Erzählung der Geschichte vom steifen Hut. Der Schani-Onkel war nämlich der ältere Bruder des damals berühmten Rapid-Spielers Leopold Nietsch und besuchte auch öfters Fußballspiele. Bei einem Wettspiel in den Zwanziger Jahren beschimpfte ein Zuschauer, der einen steifen Hut trug, Leopold Nietsch, Trainer der Grünen 1941 beim Titelgewinn der Deutschen Meisterschaft, auf das Heftigste. Sein Bruder geriet darüber dermaßen in Ärger, dass er dem Unbekannten kurz und gut den Hut über den Kopf zog und dabei die Krempe abriss. Als danach noch andere Matchbesucher den nun in seiner Sicht behinderten Mann ihre Regenschirme auf den Kopf trommelten, suchte der Schani-Onkel sicherheitshalber das Weite. Über diese Geschichte habe ich als Kind immer sehr gelacht!"

Peter Österreicher – sein Patriotismus ist Rapid!

Legendäre Pfarrwiese: Der Ausgang aus dem gefürchteten Tunnel, in dem es häufig Watschen für Gegner und Schiris setzte.

S.K. RAPID of VIENNA 1969

Back Row (Left to right) GLECHNER, GEBHARDT, ULLMANN, BJERREGAARD, SKOCIK, SÖNDERGAARD.
Front Row: (Left to right) GAREIS, FAK, FUCHSBICHLER, FLÖGEL, EIGENSTILLER.

Der deutsche Geschäftsmann glaubte, diese legendären Ballesterer auf einige Flaschen Wein eingeladen zu haben. Irrtum!

Schlachtenbummler

„**IM JAHRE 1969** fuhr ich als junger Eisenbahner mit zwei Kollegen mit der Bahn und dem Schiff zum Europacupspiel Manchester United gegen Rapid nach England. Am Westbahnhof trafen wir im Liegewagen schon einige andere Schlachtenbummler. Gemeinsam zelebrierten wir lautstark die Durchfahrt des Zuges im Bahnhof Hütteldorf-Hacking. In St. Pölten stieg erfreulicherweise noch eine große Fangruppe aus Krems an der Donau zu.

Einem deutschen Geschäftsmann, der im selben Waggon mit uns unterwegs war, wurde eingeredet, dass wir die Kampfmannschaft von Rapid Wien wären. Dieser war darüber so erfreut, dass er Autogramme von uns verlangte und eine Flasche Wein nach der anderen spendierte. Die Stimmung stieg daraufhin enorm, und es kehrte erst lange nach der Grenze in Passau die von anderen – „unsportlichen" – Mitreisenden geforderte Nachtruhe ein."

Ab in den Norden

Der Mannschaftsbus von damals und der Mannschaftsbus von heute (kleines Bild) - welches Gefährt ist komfortabler?

RAPID-FANS reisten schon vor rund 80 Jahren ihren kickenden Helden hinterher. Vom 12. Juli bis 6. August 1925 begab sich Rapid auf eine Reise in den Norden, nach Schweden und Dänemark. Für die Anhänger eine willkommene Gelegenheit, Torturen und finanzielle Lasten auf sich zu nehmen und Europa zu durchqueren.

Während man zu Auswärtsspielen heute mit dem Flugzeug anreist, musste man früher das Training eine Woche lang aussetzen und das Schiff nehmen.

Rapid hinterher!

Ideale Matchvorbereitung.
Zuerst ein Strandkickerl und dann zum Abkühlen in die Fluten. Wer keine Leistung brachte, wurde einfach in den Sand eingebuddelt und erst nach Stunden wieder ausgegraben.

Europacup-Flair. Ein Match im Norden bedeutete damals wirklich noch eine Auswärtsreise und galt als kleine Sensation. In aller Freundschaft wurde dann aber während der 90 Minuten beinhart gegen die Schweden und Dänen um jeden Ball gekämpft. Der Rapid-Geist lebte eben schon 1925!

Gelbsucht nicht beachtet

GERHARD NIEDERHUBER, seit 1990 Obmann des Klubs der Freunde des S.C. Rapid, ist seit vielen Jahren Chef-, weil einziger Redakteur der Postille „Grünzeug". Seinerzeit gab es eine Rubrik namens „Die gelbe Hitparade", in der jeweils der aktuelle Stand an Gelben Karten aller Spieler aufgelistet wurde. Sämtliche verantwortlichen Funktionäre und Spieler erhielten „Grünzeug", nicht zum Essen, sondern zum Lesen. Am 22. März 1986 hielt Petar Brucic vor dem Spiel gegen den LASK bei sieben Gelben, was eine automatische Sperre bedeutete. Dennoch wärmte Brucic munter vor der Partie auf. Gerhard Niederhuber fuhr der Schrecken in die Knochen.

Was tun? Über den Zaun klettern und Brucic duschen schicken? Oder hatte er sich doch in seiner Statistik geirrt? Er entschied sich für Letzteres und sah einen ungefährdeten 3:0-Sieg.

Der 12. Mann für den Titel

1983 HOLTE NIEDERHUBER wiederum für Rapid den Titel. Indirekt natürlich. Im vorletzten Herbstmatch der U 21 war ein gewisser Rudi Weinhofer ausgeschlossen und für drei Partien gesperrt worden. Anschließend bestritten die 21er nur noch zwei Matches, ehe am 26. März 1983 das große Wiener Derby gegen die Austria im Prater folgte. Mit von der Partie: jawohl, Rudi Weinhofer. Rapid gewann 1:0. Gschaftlhuber Niederhuber wurde wieder einmal stutzig und fragte – nur der Form halber – beim Bundesliga-Sekretär Reinhard Nachbagauer nach. Dieser versicherte zwar, dass alles mit rechten Dingen zugegangen wäre, zog aber zur Sicherheit noch seinen Boss Reitinger zu Rate. Nicht lange später klingelte bei Niederhuber das Telefon, Rapid-Sekretär Binder fauchte durch die Leitung: „Was ham's denn da z'ammdraht", lautete die höfliche Frage. Weinhofer war eben nicht spielberechtigt gewesen, die Austria bekam Wind davon und protestierte erfolgreich: Neuaustragung am 10. Mai.

Niederhuber ging in diesen Tagen sein Allerwertester auf Grundeis. Nicht nur, weil Rapid sensationell in Neusiedl 1:2 verlor und der Vorsprung auf die Veilchen schrumpfte, sondern da sich noch dazu der ORF in Person von Ex-Aufdecker-Journalist Wolfgang Koczi meldete und Niederhuber zu einem TV-Auftritt bewegen wollte. Ende gut, alles gut: Rapid gewann 3:0 und dadurch auch die Meisterschaft. Denn wäre es bei dem ursprünglichen 1:0 geblieben, hätte die Austria aufgrund des besseren Torverhältnisses die Nase vorne gehabt!

Doch drei Tage später die erschütternde Nachricht: Strafverifizierung – 0:3, was am Ende der Saison den Meistertitel für die Austria mit zwei Punkten Vorsprung bedeutete. Rapid-Coach Vlatko Markovic, der das „Grünzeug" stets negiert hatte, machte dennoch die Rapid-Fans für den Verlust der Meisterschaft verantwortlich und mied in Folge strikt das Vereinslokal der Freunde des S.C. Rapid.

Gerhard Niederhuber

Ohrfeige für Konsel

DIE MITGLIEDER des 1951 gegründeten Klubs der Freunde des S.C. Rapid wählen seit 1974 die besten Spieler des Jahres und ehren diese in ihrem Vereinslokal mit Pokalen. Rekordsieger ist Ex-Goalie Michael Konsel, der zwischen 1985 und 1996 gleich sechs Mal den Pott stemmen durfte. Bei einer dieser Ehrungen fand die ausgelassene Stimmung ein jähes Ende, als ein gewisser Herr W. staubtrocken zum „Panther" meinte: „Michl, du bist sicher ein guter Tormann, aber für mich hat der Wohlfahrt trotzdem mehr Klasse." Eine Ohrfeige vom Feinsten für Konsel, damals nicht gerade bekannt für zu geringes Selbstvertrauen. Er versank hinter seinen Pokal und fluchte: „Das muss man sich ausgerechnet da sagen lassen." Der schöne Abend war freilich völlig im Eimer. Einige Tage später nahm der Obmann der Rapidfreunde den Rapid-Tormann nach einem Training zur Seite und entschuldigte sich für sein Mitglied. Konsel tat auf locker und lässig, dennoch war der Ärger nicht verraucht und ihm immer noch anzusehen. Wie schon gesagt, in weiterer Folge nahm Konsel noch einige Pokal mit heim für seine Vitrine. Erstaunlicherweise wurde seine Beziehung zu Herrn W. dadurch immer besser und am Schluss hätte nicht viel gefehlt und die beiden hätten sich wie Busenfreunde abgebusselt. Erfolge machen eben doch glücklich und sind ein gutes Mittel gegen Antipathie. Übrigens fiel der Name Wohlfahrt im Klublokal nie wieder...

100 Prozent Rapid – 100 Prozent Stammwürze

ERINNERN SIE SICH noch an die Zeit, als die Leibchen der Spieler sehr eng, die Hosen mit den drei Streifen auf der Seite sehr kurz und die Schals der Anhänger noch sehr lang und aus reiner Wolle waren? In jenen Jahren konnte man auf den Plätzen zwischen Innsbruck und Wien dem Service-Gedanken noch nicht viel abgewinnen. Zwar enthielt das Stadion-Bier damals noch jede Menge Alkohol, aber eine Pappkartonvorrichtung zum Transport mehrerer Becher gleichzeitig gab es noch nicht. Die Herausforderung für den „Bierholer" (auf dem Fußballplatz ist es weltweit Usus, dass sich nur einer aus der Gruppe mittels Auslosungsverfahren – sprich „Knofeln" – um die Getränke anstellt) bestand also darin, bis zu sechs randvolle Becher ohne allzu großen Schwund zu den Sitz- respektive Stehplätzen des Freundeskreises zu bringen.

Dies war nur durch die weltberühmte „Drei-Finger-Methode" zu bewerkstelligen, bei der Daumen, Zeige- und Mittelfinger tief in den Plastikbechern steckten. Die Frage, ob der „freiwillige" Bier-Bote zuvor noch einen Abstecher zum Pissoir unternommen hat, wurde dabei aus eigenen geschmacklichen Interessen eigentlich nie erörtert. Wenn die Drei-Finger-Methode denn ein gewisses Risiko barg, dann eigentlich nur für den „Bringer" selbst – die Gefahr nämlich bei der Ausübung seiner Pflicht ein Rapid-Tor zu versäumen. Und Hand aufs Herz – gibt's etwas, was einem mehr auf den Magen schlagen kann?

Die Karte des Meisters

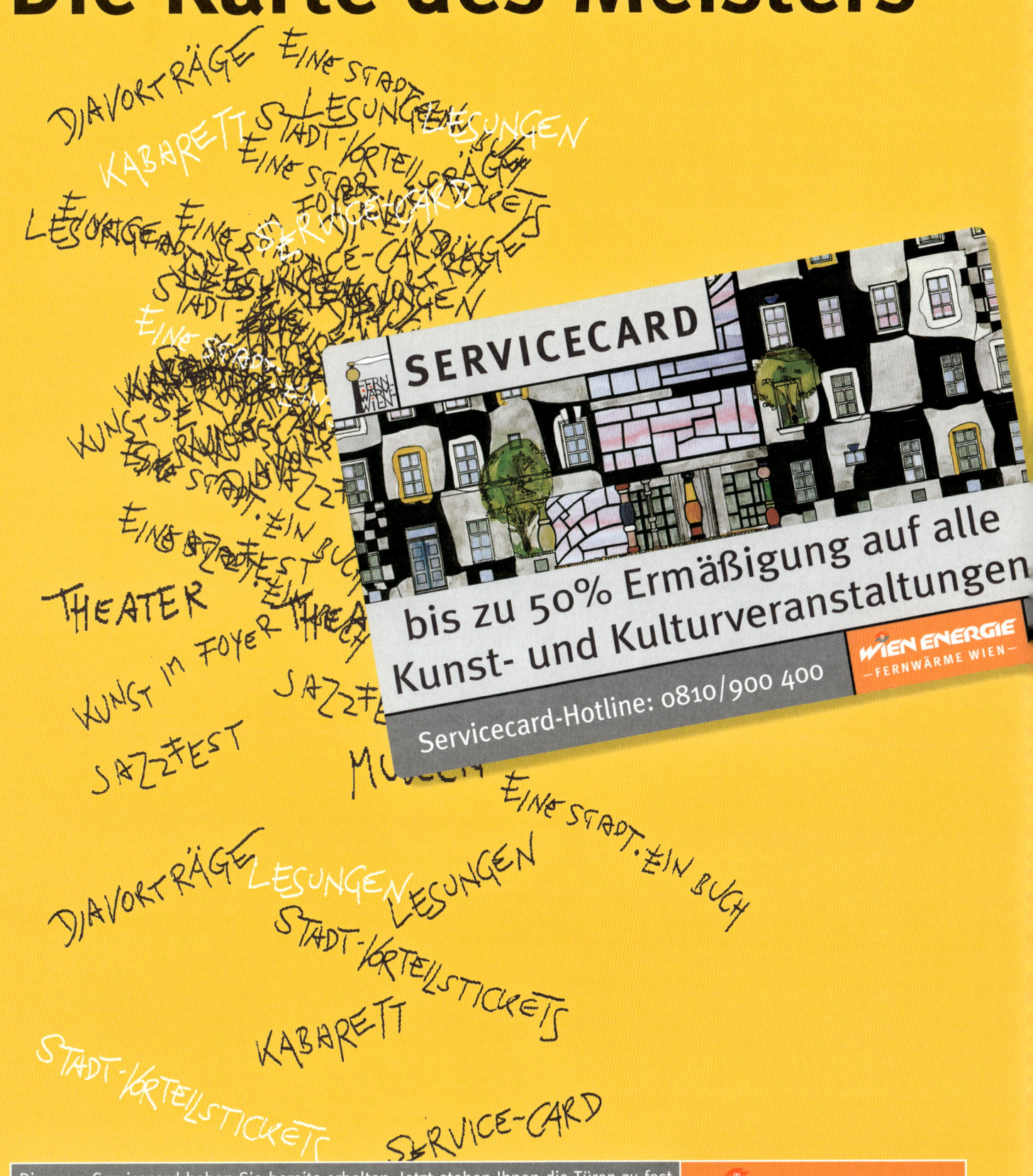

SERVICECARD

bis zu 50% Ermäßigung auf alle Kunst- und Kulturveranstaltungen

Servicecard-Hotline: 0810/900 400

WIEN ENERGIE —FERNWÄRME WIEN—

Die neue Servicecard haben Sie bereits erhalten. Jetzt stehen Ihnen die Türen zu fast allen namhaften Bühnen unserer Stadt offen. Ob Theater oder Kabarett, ob Kino oder Museum, mit der Servicecard sind Sie mitten drin. Informationen erhalten Sie unter der Servicecard-Hotline 0810/900 400 oder unter www.fernwaermewien.at !

WIEN ENERGIE —FERNWÄRME WIEN—

Die Klempner zeigten sich in Zypern handwerklich sehr begabt und zapften ein Bier nach dem anderen.

Lokaleröffnung in Nikosia

DER EUROPACUP führte Rapid nach Zypern, man spielte gegen Nikosia. Weil ein Fan seinen Geburtstag feierte, schmiss er für seine Kollegen des Fanclubs „Die Klempner" in der Hauptstadt einige Runden. In einem Lokal konsumierten die Grünen über geraume Zeit ein wenig mehr, nur der Wirt schien sich weniger um die bestellten kühlen Blonden zu kümmern als um eine bildhübsche Blondine. Gegen Mitternacht schwang er sich mit dem „Hasen" auf sein Moped und übergab das Lokal bis auf weiteres an die Rapid-Fans, die in Folge artig die Bestellungen aufnahmen und die Zeche kassierten. Nach drei Stunden kam eine Frau in die Bar und stellte sich als Gattin des Besitzers vor. Ihr Mann habe sie angerufen und ihr erklärt er sei unpässlich, daher werde sie das Geschäft bis Badeschluss leiten. Die grün-weißen „Lokalführer zwischendurch" übergaben die Theke an die Frau Wirtin und rechneten mit Rekordumsätzen ab. Weil sie selbst ihre besten Kunden waren!

Taktischer Rauch

DIE FANS sind im Fußball oft der zwölfte Mann, ganz besonders bei Rapid. In der Meistersaison 1995/96 sorgten die Anhänger persönlich für einen unglaublich wichtigen Sieg. Rapid geigte am Innsbrucker Tivoli, das Spiel stand bei 2:3 auf des Messers Schneide. Die Tiroler starteten eine Schlussoffensive und drängten auf den Ausgleichstreffer, als sich ein ganz kluger Kopf aus dem grün-weißen Fansektor an die mitgeschleppten drei Töpfe Rauch erinnerte. Bei strömendem Regen zündete man die Pyrotechnik an und sorgte nicht nur für einen undurchdringlichen Bodennebel, sondern auch für eine zehnminütige Unterbrechung. Die Rapid-Spieler freuten sich über die willkommene Auszeit, die der Mannschaft in Folge verhalf, dass sie den Sieg über die Zeit schaukelte.

Am Heimweg legte der Fanbus eine Rast bei Mondsee ein, als auch jener der Mannschaft zur Pinkelpause einbog. Die Anhänger erwarteten schon eine Rüge der Verantwortlichen, weil sie durch ihre Rauchzeichen dem Verein wieder Geld kosten würden. Irrtum! Die Spieler stürmten heran und bedankten sich für den taktischen Rauch! „Noch nie habt ihr uns so geholfen wie mit dieser Unterbrechung. Die Tiroler hätten uns sonst den Ausgleich geschossen." Didi Kühbauer, Zoki Barisic und Mitspieler veranstalteten als Dank auf dem Parkplatz der Raststation mit den Fans eine Polonaise um den Spielerbus!

„Smoke on the Tivoli – a fire in the sky" – beim Feiern alle Spieler dabei.

Schöner Wohnen mit Rapid...

ANDREAS F., der Bruder von Rapid-Masseur Wolfgang F. (Nachname der Redaktion bekannt), ist 42 Jahre alt, Chef des Fanclubs „Grüne Reblaus Wachau" und prinzipiell ein absolut durchschnittlicher österreichischer Staatsbürger, der als braver Finanzbeamter dafür sorgt, dass alles im Staate seine finanzielle Ordnung hat. Frey ist wahlberechtigt und pilgert gemeinsam mit seiner Frau und seinen zwei Kindern allwöchentlich Richtung Hütteldorf, um seinen Grün-Weißen auf die Beine zu schauen.

Vor einiger Zeit jedoch verließ ihn seine Familie – Frau und Kinder übersiedelten von der Westtribüne auf die Nordtribüne und gingen quasi auf Sicherheitsabstand zu ihm. Der Grund dafür liegt in der Nähe von Melk. Andreas F. hatte nämlich einen alten Stall samt Dachboden zu einem wahren Rapid-Museum umgebaut, das künftig auch als Außenstelle des Rapid-Fanshops genützt werden kann. Genau genommen handelt es sich aber um die Innenausstattung eines ganz normalen Rapid-Haushaltes. Wer auch immer von der großen Rapid-Familie bei Andreas F. zu Besuch kommt, er oder sie wird sich auf Anhieb pudelwohl fühlen. Es grünt so grün in jedem Zimmer – das stille Örtchen ausgenommen!

Willkommen daheim bei Rapid. Schon im Vorzimmer weiß jeder Besucher, welche Farben die wichtigsten auf diesem Planeten sind und kann im Wohnzimmer aus einer Vielzahl von Trikots auswählen.

Souvenirs, Souvenirs. Die Rebläuse brachten noch von jeder Auswärtsfahrt reichlich Wandschmuck mit.

Und nach dem Essen im gemütlichen Rapid-Stüberl darf man beim Darmentleeren ausreichend den Wiener Erzrivalen würdigen. Beim Ziehen der Leine ertönt sogar die Austria-Hymne!

Der Abgang in den Keller ist bei Andreas F. kein Abstieg an Qualität. Auch das Arbeitszimmer ist völlig dem runden Leder gewidmet.

Odyssee 1996 nach Moskau

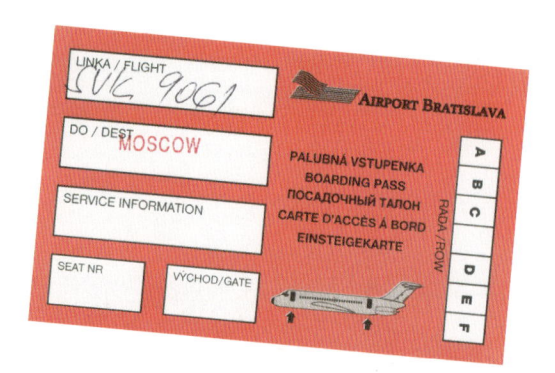

NACH DEM AUFSTIEG gegen Sporting Lissabon bescherte in der Saison 1995/96 das Europacup-Los Rapid Dynamo Moskau. Ein echter Grüner ist auch auswärts dabei. Einige Fans buchten einen Billig-Flug, ursprünglich mit der Aeroflot von Wien, letztendlich hob man aber mit der Air Slovenska von Bratislava ab. Man traf sich um 4 Uhr früh, also quasi direkt aus einer Lokalität kommend, bei den Bussen auf der Landstraße. Doch diese wollten trotz Starthilfe nicht anspringen. Erst als „Bob Rapid 1" das Gefährt über die Landstraße schob und der Fahrer den zweiten Gang einlegte, gab der Motor ein Lebenszeichen von sich.

Weil für Moskau etliche Minusgrade prognostiziert waren, deckten sich die Rapidler dementsprechend mit dickem Gewand ein. Der 2 1/2 Stunden-Flug im 27 Grad heißen Flieger glich einer fröhlichen Saunarunde. Den Fans, eingepackt in

Nach dem Aufguss folgte die Abkühlung in der eisigen russischen Luft.

74

Daunenjacken, Hauben und Handschuhe, spritzte der Schweiß bei jedem Aufguss waagrecht von der Stirn. Moskau besichtigte man vor dem Match in einem Schnellsieder-Kurs, am Roten Platz kauften sich die Grün-Weißen um zehn Dollar schwarze russische Fellmützen. Vor dem Stadion erschien dann die durstlöschende Oase in Form eines Lieferwagens, bei dem sich die Fans palettenweise mit Gösser-Halbliter-Dosen eindeckten und das flüssige Brot gar mit auf die Tribünen nehmen durften! Derart aufgeheizt und vom Hopfen durchblutet, entblößten die Anhänger ihre Oberkörper bei Minus 8 Grad, was selbst dem russischen Fernsehen einen Kameraschwenk wert war. Rapid gewann dank Büffel Stumpf, der Aufstieg war geschafft.

Während die Mannschaft und andere Fan-Maschinen pünktlich in Richtung Wien abhoben, stand der Billig-Rüben-Bomber noch Stunden am Moskauer Flughafen wie ein Bock. Bei 27 Grad schwitzten die Fans wieder wie in der Dominikanischen und wollten schon ihr letztes Geld zusammenkratzen, weil der Pilot weder Kerosin noch Startgebühr berappen konnte. Spät in der Nacht fand sich dann doch noch ein edler Spender, via Bratislava kamen die Fans mittlerweile am frühen Morgen glücklich und zufrieden in Wien an und in ihre Betten. Diese Odyssee hatte sich wahrlich gelohnt.

„You can leave your hat on" – aufgetankt mit ausreichend Frostschutz legten die Rapid-Fans in Moskau einen heißen Strip hin.

Den Arsch offen

EIN PAAR HART GESOTTENE Fans begleiteten Rapid nach Tel Aviv, wo die Hütteldorfer im Oktober 1997 im Europacup gegen Hapoel Petah Tikvah die Schussstiefel schnürten. So mancher Anhänger verband den Trip gleich mit einem einwöchigen Urlaub um rund 11.000 Schilling, koschere Frühstückspension inkludiert. Der Doppelpass mit der Mannschaft gelang in der Ferne ideal, die Fans wurden im Teamhotel von Martin Braun oder Schurli Wimmer auf Kaffees eingeladen, sie durften auch mit dem Journalistenbus zum und vom Abschlusstraining bzw. Match fahren und ersparten sich somit die Taxikosten. Nach der Partie besuchten die Rapidler auf ihrer kulturellen Reise Jerusalem, Bethlehem und Jericho und strebten für einen Badekurzurlaub das Tote Meer an. Trainer Ernst Dokupil gab ihnen noch einen gut gemeinten Tipp auf den Weg: „Passt's auf, das Tote Meer hat 28 Prozent Salzgehalt. Wischt euch also vorher den Allerwertesten nicht mit hartem oder rauem Klopapier aus, weil sonst habt's den Arsch offen." Die Fans hätten wohl besser auf ihren Trainer hören sollen…

Dead Sea oder tote Hose für jene, die sich nach dem „großen Geschäft" hart und nicht herzlich gesäubert hatten.

Geht ein Osttribünen-Fan zum Heimspiel. Bei der Kassa will er mit einem 100-Euro-Schein zahlen. Meint der Verkäufer: „Wollen Sie eine Match-Karte kaufen oder gleich einen Spieler?"

Jurassic-Park IV wurde in der Schweiz gedreht. Demnächst in Ihrem Kino ...

Ausgleich durch Dinosaurier

EIN ECHTER RAPID-ANHÄNGER folgt seinen Edelkickern auch zu einem weniger bedeutenden Spiel. Anfang der 90er-Jahre trat Rapid in der Schweiz zu einem Intertoto-Duell an. Zahlreiche Fanatiker hockten sich zehn Stunden lang in den Bus, um ihre Mannschaft anzufeuern. Das Spiel glich einer Freundschaftsbegegnung, die Anhänger durften mit den Spielern sogar vor dem Anpfiff aufs Feld schreiten. Als Rapid knapp vor dem Ende 1:2 in Rückstand lag, sprang ein Grün-Weißer mit einem aufblasbaren Dinosaurier über die Werbebande und erzielte im Stile von Bimbo Binder mit dem Plastik-Viech mehrere Ausgleiche hintereinander. Der Schiedsrichter zeigte sich uneinsichtig und gab die Treffer nicht. Die Rapid-Fans düsten mit einer 1:2-Niederlage im Gepäck Wien entgegen.

Aloha!

„DA WIR NICHT MEHR Meister werden konnten und wir ja unabsteigbar sind, ging es in der letzten Runde nach Salzburg Lehen, um unsere Rapid zu sehen. Wir entschlossen uns dazu, eine Mottofahrt zu organisieren. Da es Sommer war, waren wir nur auf der Durchreise in Salzburg, weil unser Hauptziel war Hawaii. Nach der Partie schlugen wir aber doch wieder den Weg Richtung Hütteldorf ein, da auf Hawaii doch nicht Europacup gespielt wird." Im Zuge der Fahrt wurde das schönste Hawaii-Hemd gekürt. Wir gratulieren im Nachhinein Alexander „Der Lange" S.

Ein Fan und Augenzeuge

Choreographien sagen

mehr als 1.988 Worte!

Zum fünfjährigen Bestehen des Fanclubs Brigatta Graz empfingen die Rapidler ihre Kollegen herzlich und feierten mit ihnen, indem sie den Fanclub auf „Brigitte" umtauften.

Wer hat an der Uhr gedreht? Sturms glorreiche Zeit schien für die Rapidler abgelaufen. Graz war zwar 2003 Kulturhauptstadt Europas, Wien ist und bleibt die Kulturhauptstadt der ganzen Welt. So schaut's aus!

Rapid gegen Tirol im Hanappi-Stadion. Die grün-weißen Fans hatten ihre ganz eigene Antwort auf Andreas Hofer, Landesheld der Tiroler. Vor dem Spiel plünderten sie sämtliche Hofer-Filialen in Wien und marschierten mit den Plastiksackerln ins Stadion.
Eine günstige, aber keine billige Choreographie.

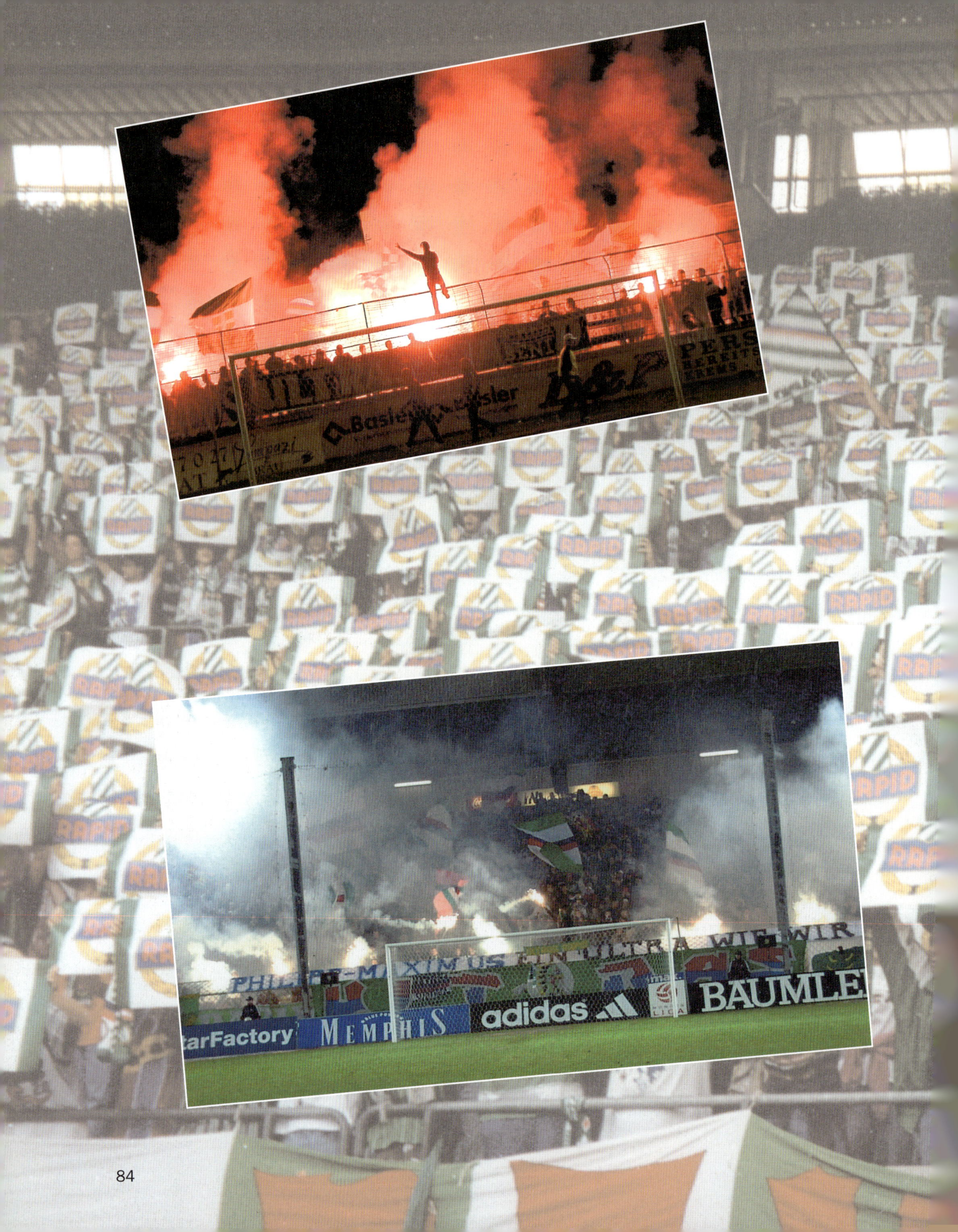

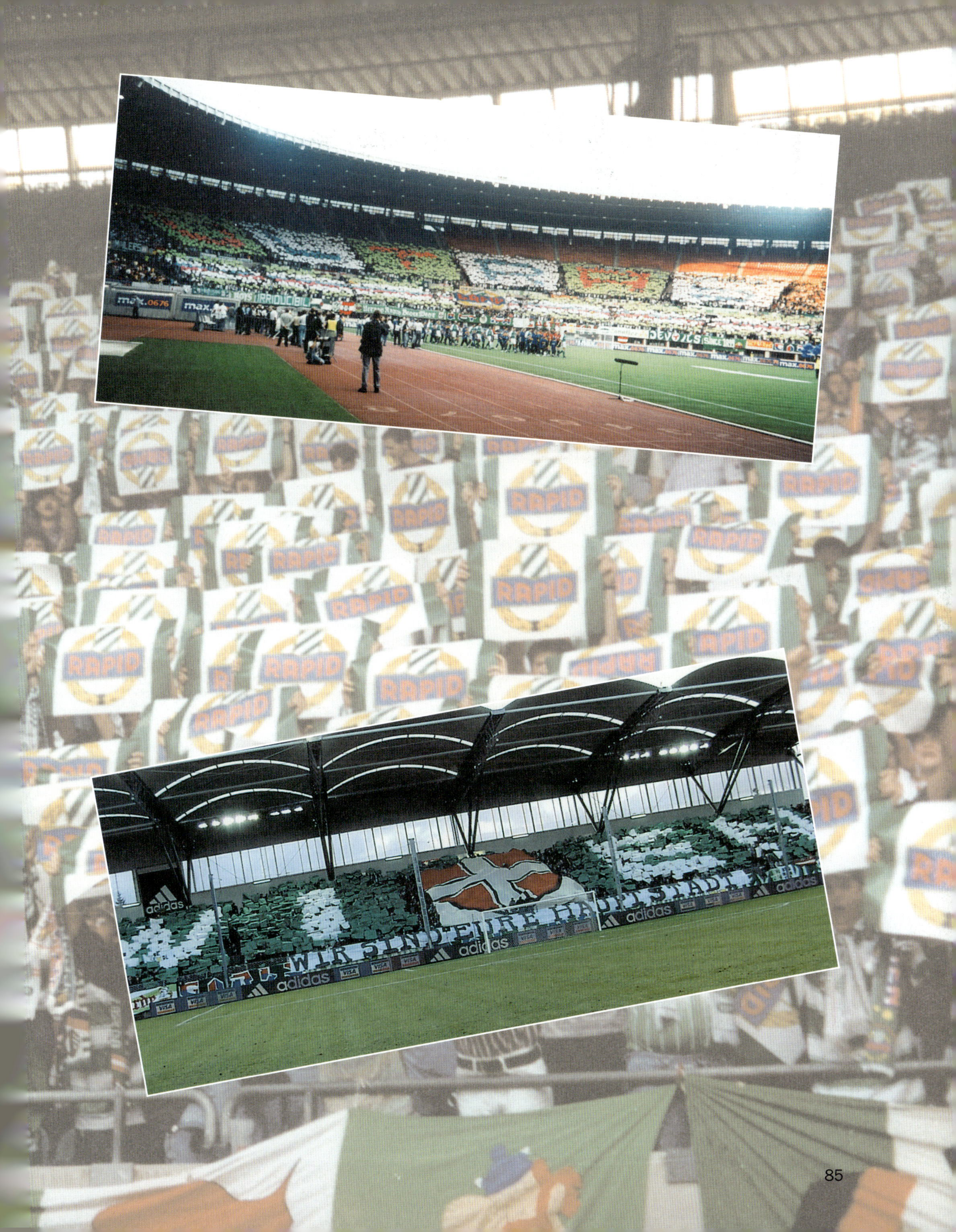

Die grün-weiße Anhängerschar ließ sich den Sommerfußball ihrer Idole nicht bieten und ging verfrüht in den wohlverdienten Urlaub.

Ebbe herrschte in der Fanclub-Kassa – deshalb entschloss man sich in Lustenau eine Choreographie mit Centerfold-Fotos diverser Männermagazine zu kreieren. Weil Rapid ohnehin der nackte Wahnsinn ist.

Die Grünen verabschiedeten sich auf ihre Art und Weise von ihrer geliebten West. Hannes Zillinger (rechts) wird die „Cabrio-West" ewig in Erinnerung behalten. Ihm tat der Abschied nicht nur seelisch, sondern auch körperlich weh.

NO RESPECT. Rapid traf in der Qualifikation für die Champions-League 1999 auf Galatasaray Istanbul. Da der Verlierer aus diesem Duell im UEFA-Cup weiter ballestern durfte, wünschten die optimistischen Rapid-Fans den türkischen Gästen schon im Vorhinein alles Gute. Leider verkühlten sich die Grün-Weißen an Gheorghe „Hatschi". Gesundheit!

Eine Schifffahrt, die ist lustig

AM 16. JULI 1988 machten sich die Mitglieder des Fanclubs „Rapid Fans Floridsdorf" – heute bekannt unter dem Namen „Flo' Town Boys" – auf, um das Supercupspiel zwischen dem SC Krems und dem SK Rapid zu besuchen. Da das Spiel auswärts in Krems an der Donau stattfand, kam man auf die glorreiche Idee mit dem Schiff ausnahmsweise einmal ein anderes Verkehrsmittel zwecks Anreise zu verwenden. Rund 50 Rapidfans verschiedener Anhängerclubs fanden sich frühmorgens mit geschwollenen Augen im Schifffahrtszentrum Reichsbrücke ein, um eine gemütliche Reise anzutreten. Gleich nach der Lichtung des Ankers wurden die auf einem Flussschiff vorgeschriebenen Flaggen eingeholt und durch Rapid-Fahnen ersetzt, was zu ersten Meinungsverschiedenheiten mit dem Kapitän führte.

Da eine Schifffahrt bekanntlich gemächlich und langsam von Statten geht, und echte Rapidler vom Betrachten der Uferlandschaft allein auch nicht leben können, widmeten sich einige der mitgereisten Fans hauptsächlich dem Verzehr der mitgebrachten flüssigen Vorräte. Die Stimmung an Bord wurde immer ausgelassener, der Kapitän dafür immer säuerlicher. Schlussendlich bangte der Kapitän so sehr um die Sicherheit seines zu kentern drohenden Schiffes, dass er an der Schleuse Altenwörth anlegte, und die Rapidfans durch eine Polizeiabordnung auf halbem Weg nach Krems – mitten im Auwald – an Land setzte.

Folglich nahm man die Beine in die Hände, um den idyllischen Auwald zu durchforsten. Recht bald gelangten die Wandersleut' zu einem Donaunebenarm, bei dem nur eines fehlte: eine Brücke! Die Rapid-Piraten kaperten in Windes-

> **Februar 1999.** Auf dem Wiener Rathausplatz findet ein Derby Rapid-Austria im Eisstockschießen statt. Die Austria gewinnt knapp 2:1. Der goscherte Kommentar von Trainer Ernst Dokupil: „Endlich hat die Austria eine Sportart gefunden, in der auch sie gewinnt."

– eine Schifffahrt, die ist ...

eile ein Fischerboot samt Fischer, der das vollkommen überladene Boot – mit Schweißperlen auf der Stirn – zwar über den Fluss ruderte, aber verständlicherweise nicht mehr zurückkam, um die anderen abzuholen.

Diese versuchten daher in ihrer Not ein Wehr zu überqueren, wobei der Großteil von der Strömung mitgerissen und abgetrieben wurde. Nachdem die Wasserrettung ihrem Namen alle Ehre gemacht hatte, strebte man triefend nass weiter Krems entgegen. So gesehen waren die Rapid-Fans schon 1988 die Pioniere des Triathlons: Schifferl fahren, im Wald spazieren, im Donauarm schwimmen.

Bald tauchten am Rande der Au einige Wochenendhäuser auf, endlich wieder in der Zivilisation! Den besten Redner schickte man vor, um die Bewohner von der Dringlichkeit eines Durstlöschers und einiger Taxis zu überzeugen. Der waschelnasse Michael B. redete wie ein Wasserfall und hatte nach einigen Minuten die Bewohner dazu überredet, 50 schlammige Rapidfans in privaten Pkws in mehreren Fahrten 30 Kilometer weit nach Krems zu fahren! Das Stadion wurde rechtzeitig erreicht, das Spiel gewonnen, der Supercup ging nach Hütteldorf. Für den Rückweg nach Wien wählte man allerdings die Bahn...

Die wahre Geschichte des Lothar Matthäus

DAS GASTSPIEL von Lothar Matthäus in Wien hat medial viel Staub aufgewirbelt, das eine oder andere weibliche Herz gebrochen und das Wiener Nachtleben zweifelsohne bereichert. Jetzt scheint es mir an der Zeit, die wahre Geschichte des Lothar Matthäus in sportlichen Belangen zu erzählen und den Weltmeister rein zu waschen.

Der erste Kontakt mit dem Deutschen war jener, dass der bisherige Co-Trainer Peter Persidis nach einer Woche auf den Golfplatz geschickt wurde. Die Rollenverteilung beim Duo Lothar Matthäus/ Günther Güttler schien von Anfang an sonnenklar: Matthäus plauderte mit Gott und der Welt, Güttler hielt vorwiegend den Mund. Dafür gestaltete ausschließlich er das Training, was in der Trainerkabine nicht selten zu Schreiduellen zwischen den beiden „Haberern" führte. Güttler hielt Loddar dabei immer vor, keinen Trainerschein zu besitzen. Ich dachte mir in diesen Momenten stets: Wer einen Schein besitzt, muss nicht unbedingt eine Ahnung haben. Und umgekehrt!

Güttler wollte den Spielern gleich den Herrn zeigen und verschärfte mitten in der Saison das Trainingspensum dermaßen, dass alle Spieler in Folge körperlich kaputt waren. Matthäus merkte das Malheur, wollte einlenken und die Arbeit dosieren. Ein guter Fußballer und Trainer spürt das eben. Nur bei seinem Freund Güttler stand er mit seinen Ansichten im Abseits. Matthäus' größter Fehler in Wien hieß Güttler. Ohne ihn und mit einem anderen Co-Trainer hätte Lothar unter Garantie mehr Erfolg bei und mit seinen Spielern bei Rapid gehabt. Für einen Trainer-Neuling zeigte er keine schlechten Ansätze und – wer weiß – wäre heute vielleicht statt Jürgen Klinsmann Bundestrainer in Deutschland und nicht mehr in Ungarn tätig.

Hurenschau in Paris

UNTER DER REGENTSCHAFT von Sportdirektor Lothar Matthäus und Trainer Günther „GüGü" Güttler trat Rapid im Europacup bei Paris Saint Germain an. Vor dem Hinspiel in Paris fuhr der Rapid-Bus zum Abschlusstraining durch den Bois de Boulogne, wo jährlich die Tennis-French Open gespielt werden. Plötzlich Aufregung unter den Spielern! Auf einer Strecke von rund drei Kilometern standen in der Allee links und rechts der Straße käufliche Damen Spalier. Es fielen schlüpfrige Kommentare, alle im Bus johlten freudig auf. Nur einer nicht: Günther Güttler stieg die Zornesröte ins Gesicht, wütend begann er zu brüllen: „Ein Skandal ist das. Seid ihr denn alle noch Kinder? Ihr sollt euch auf das Training konzentrieren!" Hilfe suchend wendete er sich an seinen Sportdirektor, der rechts vorne den Chefsessel eingenommen hatte. „Ein Wahnsinn ist das. Lothar, was meinst du zu diesem Verhalten?" Doch Matthäus hörte seinen „Spezi" nicht einmal, weil er im Bus derjenige war, der sich am meisten den Hals nach den hübschen Damen verdrehte. Seine Konzentration galt vorerst überhaupt nicht dem Abschlusstraining.

Blutgrätsche gegen Lothar

EIN UNGESCHRIEBENES GESETZ des Fußballs besagt, dass Trainer an internen Spielchen besser nicht teilnehmen sollten. Denn es gibt immer den einen oder anderen Ersatzspieler, der sich dann besonders motiviert am Trainer rächen will, weil er nicht berücksichtigt wird oder sich ungerecht behandelt fühlt. Lothar Matthäus und Günther Güttler hielten damals bei ihrem Gastspiel in Hütteldorf nicht viel von dieser Weisheit und schnürten regelmäßig im Training die Schuhe.

Vor allem der damals 40-jährige Matthäus wirkte durchtrainierter und fitter als so manch jüngerer Spieler und geigte bei den Matches auf. Das ließen sich die Profis natürlich nicht so ohne weiteres gefallen.

Turnvater Lothar Matthäus – vom Turnen keineswegs befreit.

Im Trainingslager in Dubai dribbelte „Loddar" wieder einmal elegant an der Outlinie entlang und wollte es als Weltmeister seinen Burschen zeigen, als Landsmann Oliver Freund seinen nicht gerade schmächtigen Körper gezielt in den Zweikampf schmiss und seinen Trainer nach Strich und Faden aushebelte. Der verdutzte Matthäus hing im Maschendrahtzaun wie eine Fliege im Spinnennetz, sagte aber kein Wort. Fünf Minuten später schon der nächste Zweikampf. Matthäus führte mit Übersicht den Ball, übersah jedoch den von hinten anstürmenden Thomas Zingler, der Lothar samt Ball wegräumte und ihm mit seinen Stoppelschuhen als Andenken einen „Fahrer" über das gesamte Schienbein hinterließ. Der Deutsche biss tapfer die Zähne zusammen, ließ sich die Schmerzen den Spielern gegenüber nicht anmerken. Ein Trainer zeigt keine Schwäche! Und ein Matthäus schon gar nicht! Das Schienbein schwoll an, die Schmerzen wurden dann doch zu groß. Loddar humpelte zur Outlinie, bat die Masseure Skalsky und Frey um eine Behandlung und fluchte: „Was ist denn da los. Was meint ihr: war das Absicht, oder was?" Bertl & Wolfi blickten einander grinsend an, nickten verständnisvoll und konterten: „No-na." Wie würde Toni Polster sagen? Blitzgneißer.

Lothar beim falschen Verein

DER DRITTE TAG von Lothar Matthäus bei Rapid. Der Deutsche ist am Weg zum Trainingsplatz, biegt kurz ins Kammerl von Zeugwart Johnny Ramhapp ab und wirft diesem lässig den Autoschlüssel auf den Tisch. Ramhapp verwundert: „Was soll ich mit dem Autoschlüssel?" Matthäus in bestimmten Ton: „Gehst du tanken und waschen, bis zum Ende des Trainings steht der Wagen wieder vor der Tür." Johnny glaubte, schlecht gehört zu haben: „Lothar, da bist du beim Falschen." Matthäus wurde ärgerlich: „Was heißt hier beim Falschen?" Ramhapps Konter: „Beim falschen Verein. Rapid ist nicht Bayern München."

Schwängern Sie bitte Ihre Frau!

ZU JENER ZEIT, als der Coup Rapids mit Lothar Matthäus gelang, stand in den Gazetten Europas mehr über die Frauengeschichten des Deutschen geschrieben als über dessen Qualitäten als Trainer.

Am Tag der Matthäus-Präsentation in Wien schlenderte Peter Schöttel, damals noch Kapitän und verlängerter Trainer-Arm, durch den Kabinengang im Hanappistadion und riet seinen Mitspielern: „Burschen, der Matthäus kommt. Schwängert's noch schnell eure Freundinnen und Frauen, damit nix passiert."

Lothar Matthäus begab sich vor einem Heimspiel ins Rapid-Sekretariat und bat Gabi Fröschl, sie

Lothar Matthäus stand angeblich immer unter ärztlicher Beobachtung…

möge sich während der Partie doch um seine neue Freundin kümmern, weil das junge Ding hier niemanden kenne. Für Fröschl aufgrund des Damen-Verschleißes von Loddar ohnehin nichts Neues. Sie ging also mit der Neo- und bald wieder Ex-Frau-Matthäus auf die VIP-Tribüne und setzte sie zu den verletzten und nicht berücksichtigten Rapid-Spielern. Beim Gehen drehte sich Gabi noch einmal zu den Burschen mit erhobenem Zeigefinger um: „Das ist die Neue vom Chef. Also nicht anbraten und blöd reden, sonst könnt's euch gleich einen neuen Verein suchen."

Lothar Matthäus kickte bekanntlich kurz erfolgreich in den USA. Bei seiner Einreise nach New York fordert ihn der Zöllner mit scharfer Stimme auf: „Zeigen Sie mal Ihren Pass." Darauf Matthäus ebenso ernst: „Gern, aber da müssen's mir schon einen Ball geben."

Matthäus wieder einmal abgeschleppt

MATTHÄUS-GESCHICHTEN mit Autos gab es in Wien ebenso viele wie mit Damen. So oder so wurde er abgeschleppt. Der Deutsche hielt sich prinzipiell nicht an Parkverbote, stellte seinen Wagen immer dort ab, wo er den Schlüssel gerade aus dem Zündschloss nahm. Nach einem Training begab sich das Trainer-Gespann Matthäus/Güttler jeder in seinem Auto auf einen Streifzug in die Wiener Innenstadt. Ihre Wägen parkten sie gekonnt im Halteverbot und auf dem Gehsteig. Wien ist aber anders und schon gar nicht München. Als die Rapid-Coaches zu später Stunde aus den Lokalitäten wankten, waren die Autos schon längst abgeschleppt und in Simmering in Sicherheit. Matthäus schimpfte aufgrund dieser Gotteslästerung auf die Wiener Exekutive, musste sich für die Heimfahrt gemeinsam mit seinem Busenfreund Günther ein Taxi rufen. Getrennt gekommen, gemeinsam nach Hause gefahren. Dem Verein kosteten sie wieder Geld, weil sie das Taxi natürlich verrechneten.

Nur mehr am „Ziaga"

ALS LOTHAR MATTHÄUS als Sportdirektor zu Rapid stieß, änderte sich für die Spieler ihr ganzes Profileben. Nicht nur, dass die Trainingseinheiten plötzlich ungewohnt lange bis zu 2 1/2 oder 3 Stunden dauerten, nein, auch das Privatleben war nicht mehr dasselbe. Roman Wallner, zu dieser Zeit nicht unbedingt bekannt dafür, dass er jeden Tag nach dem Training gleich nach Hause ging und sich nach dem Fernsehen früh ins Bett legte, klagte eines Tages: „Das ist ein Wahnsinn mit dem Matthäus. Wir Spieler können in Wien nirgends mehr hingehen am Abend, weil der Trainer jeden Tag in einem anderen Lokal auftaucht." Er war mehr am „Ziaga" als manche Kicker. Man merke sich: Wer will, dass seine Spieler brav daheim bleiben und keine nächtlichen Ausflüge machen, der muss als Trainer selbst die Zähne zusammenbeissen und die Nacht zum Tag machen. Matthäus musste dazu nicht wirklich seinen „inneren Schweinehund" überwinden.

Vom Schattenmann Güttler im Regen stehen gelassen, zappelte Lothar Matthäus im Netz und suchte sich einen anderen Co-Trainer...

Das Urgestein

Fahrts nach Hütteldorf, heut spielt Rapid!
I fahr nach Hütteldorf, kummts alle mit.
A so a Match, dös loss i net aus.
Ob's stürmt, ob's schneit, i mach ma nix draus.
Heut spüt der Fredl Körner wieder mit im Sturm,
und wann er halbwegs hat sei Furm,
schießt er den Tormann samtn Ball ins Netz –
drum kummts nach Hütteldorf, da gibt's a Hetz!

ALFRED KÖRNER gilt als eines der letzten echten grün-weißen Urgesteine. Er hält das Team aus früheren Jahren zusammen, jeden Freitag trifft man sich auf Kaffee und Kuchen und das eine oder andere Achterl zum Plaudern. Körner verkörpert noch immer den alten Fußballer-Schmäh, der in heutigen Tagen immer mehr ins Abseits läuft. Bei jedem Heimspiel von Rapid fiebern die „alten" Grünen zuerst auf der Tribüne mit, danach begießen sie die Siege an ihrem eigenen Tisch in der Ecke des VIP-Clubs.

Die „dritte Halbzeit": Funki Feurer mit Heinz „Honzo" Holecek und Alfred Körner.

„Bomber" Peter Schöttel: Alle internationalen Tore!

WAS WURDE NICHT alles schon über Rapids legendäre Nummer 5 Peter Schöttel geschrieben! Jetzt ist der Kapitän aus einer speziellen Sichtweise wieder da. Das grün-weiße Urgestein ist Rekordspieler Hütteldorfs und gewann mit Rapid dreimal die Meisterschaft, zweimal den Cup und stand im Europacupfinale 1996. Doch noch nie wurde der Torschütze Peter Schöttel unter die Lupe genommen. Hier und jetzt erstmals die gesammelte und komplette Statistik von „Schöttis" Volltreffern in internationalen Spielen. In 49 Europacup-Schlachten netzte er genau zweimal eiskalt ein:

Peter Schöttels Torpremiere auf internationalem Terrain: Am 22. Oktober 1997 erzielte er im Wiener Happel-Stadion gegen 1860 München im UEFA-Cup in der 65. Minute das 2:0.

Der zweite Genieblitz traf ihn am 10. August 2000 im Hanappi-Stadion gegen Teuta Durres. Der Treffer kam für alle Fotografen so überraschend, dass es kein Bilddokument davon gibt.

AUF DER NÄCHSTEN SEITE EXKLUSIV ALLE SCHÖTTEL-TORE IM NATIONALTEAM:

Der Weltmeister im Aktackieren

ERNST HAPPEL war aufgrund seiner Zeit in Holland für lustige Wort-Kreationen bekannt. „Wichtig ist, dass meine Spielers Konditi und Disziplini haben", meinte er einmal launig in einem Kauderwelsch aus Deutsch und Holländisch. Der Welt-Trainer sprach auch stets vom „Aktackieren". 1992 ergab sich bei einem Training folgender Dialog zwischen dem Teamchef Happel und dem Rapidler Peter Schöttel, in seiner aktiven Zeit ein echter Profi in Sachen Zweikampf.

Happel: „Heast, Schöttel, du bist so langsam, du bist langsamer als deine Schwiegermutter." Darauf Schöttel, wie aus der Pistole geschossen: „Aktackieren Sie nicht meine Schwiegermutter."

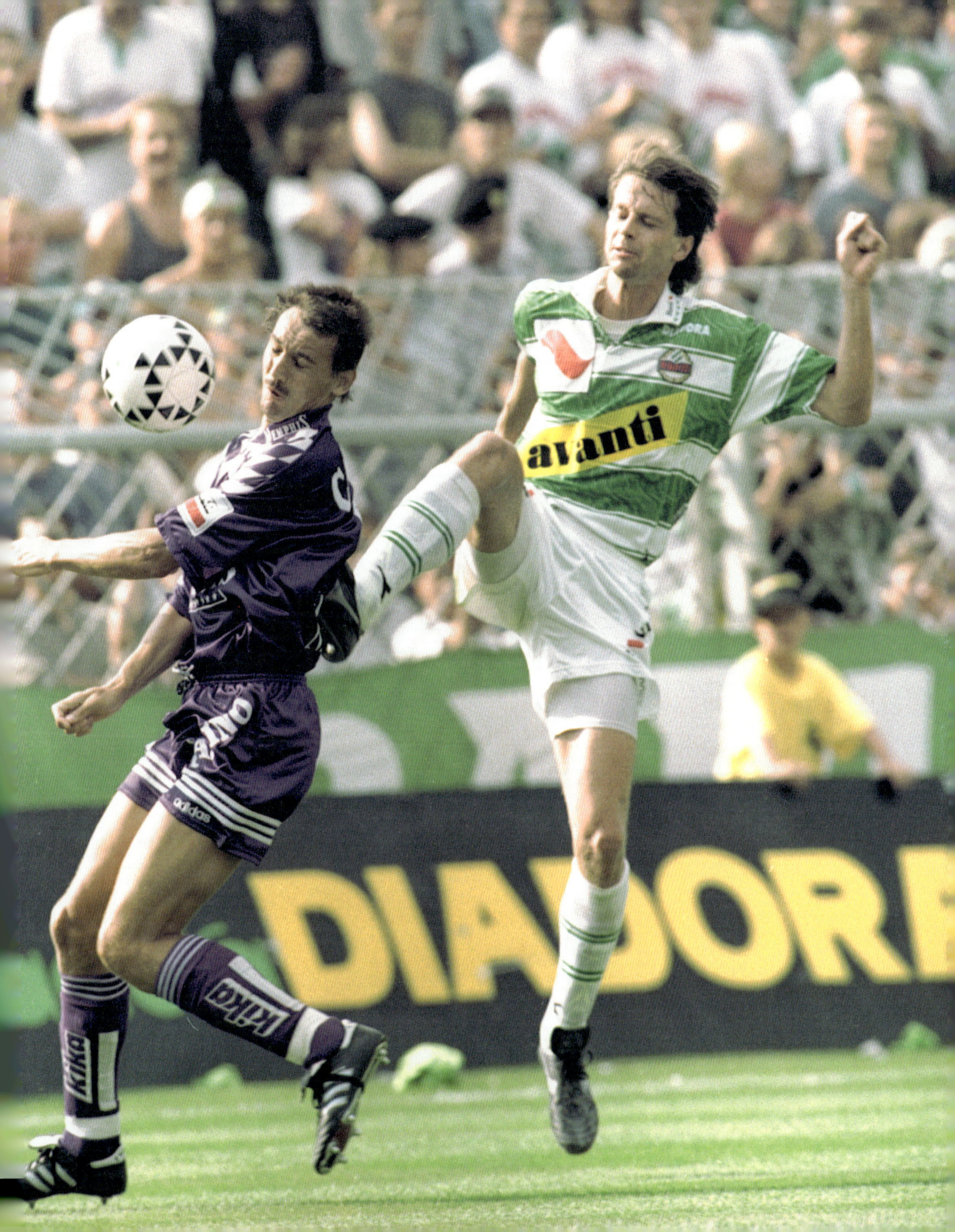

avanti
DIADOR
adidas
kika

Urlaub im Altersheim

Im Flieger war „Kulo" noch guter Dinge ...

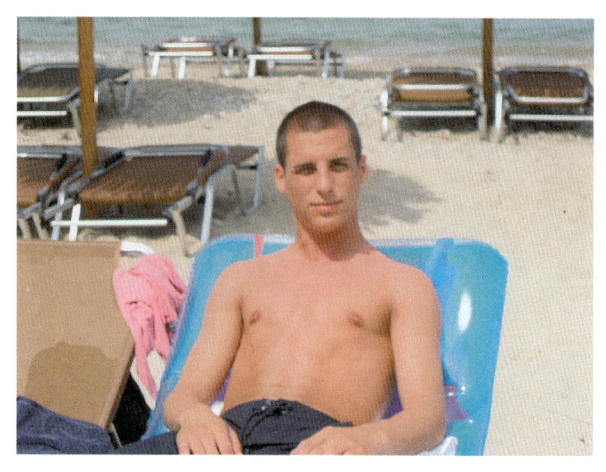

Gelandet in der Einöde: allein im Liegestuhl ...

... allein am Strand, allein an der Bar!

DER URLAUB ist Fußballern gewöhnlich heilig. Vor allem im Sommer, wenn die Pause maximal zwei Wochen dauert und man den ausgelaugten Körper so schnell wie möglich auf der Strandliege wieder auf Vordermann bringen möchte. Stefan Kulovits wollte sich mit ein paar Freunden auf der griechischen Insel Lesbos so richtig erholen. Vom Hörensagen wussten sie, dass sich dort viele „Mörderhasen" aus ganz Europa einfinden würden. Von wegen Regeneration, abendliche Trainingseinheiten im anaeroben Bereich waren angesagt!
Auf Lesbos angekommen, sprühten die Burschen vor Tatendrang, wollten sich sofort ins Geschehen werfen. Der erste Schock fuhr ihnen im Hotel in die Glieder. Keine Spur von Mädels, nur alte Damen und Herren lagen faul am Pool herum. Nach dem ersten abendlichen Discobesuch war endgültig klar: „Kulo" und Co. waren fest eingefahren und durften sich 14 Tage langweilen.

So fit ist Ladi Maier!

LADISLAV MAIER zwickte wieder einmal ganz heftig ein Muskel seines Luxuskörpers, für einen Tormann in seinem Alter keine Seltenheit. Nach einer Pause von einigen Wochen meldete er sich fit zum Dienst zurück.

Bei einem internen Spielchen auf dem Trainingsplatz hinter dem Stadion hütete Maier das eine Tor, Helge Payer stand im anderen. Neben ihm lehnte Konditionstrainer Hans Meyer lässig an der Stange und verfolgte konzentriert die Partie. Da schlich sich ein Kiebitz an, der bei den meisten Trainingseinheiten als Zuschauer dabei ist, stellte sich neben den Kondi-Guru und wollte sich nach der Fitness von Ladi Maier erkundigen. „Herr Meyer, wie weit ist denn der Ladi schon?" Hans Meyer deutete zum anderen Tor und sagte: „Na, dort drüben."

Das Match musste für einige Minuten unterbrochen werden, weil Helge Payer vor Lachen nicht einsatzfähig war. Diese Wuchtel konnte er so schnell nicht verdauen.

Ladi Maier fragt nach dem Match seinen Trainer Funki Feurer: „Und wie war ich?"
Feurer: „Ladi, ganz ehrlich: letzten Samstag warst besser."
Maier: „Aber Trainer, da hat ja der Helge gespielt!" – Feurer: „Eben."

Der fehlende Buchstabe

VOR EIN PAAR JAHREN hechtete ein gewisser Oliver Fuka als dritter Tormann Rapids Tag für Tag durch die gute Hütteldorfer Luft. Sein Spitzname bei den Mitspielern: „FUKI". Sein Trainer Herbert „Funki" Feurer hielt große Stücke auf ihn, da das Talent wie ein Verbissener arbeitete. Weil zuviel Lob aber für einen Sportler mitunter schlecht sein kann, musste zur rechten Zeit ein kleiner Dämpfer her. Feurer schnappte sich bei einem Training „Fuki" und stellte ihm die unvermeidbare Frage: „Fuki, kannst du mir sagen, was dir zu einem echten Weltklasse-Torhüter fehlt?" Fuka hatte mit diesem Rätsel nicht gerechnet und strengte umso ernsthafter seine Gehirnzellen an. „Naja, vielleicht sollte ich noch mehr Sicherheit ausstrahlen, konsequenter bei Flanken aus dem Tor gehen. Auch beim Hinauslaufen kann ich mich verbessern." Feurer zeigte sich mit der Selbsteinschätzung seines Goalies nicht zufrieden: „Nein, nein. Fuki, was dir zu einem echten Supertormann fehlt, ist einfach nur ein N." So einfach hätte die Antwort sein können!

Das etwas andere Tormann-Training: Oliver Fuka forderte die Nummer 1 Helge Payer beim Squash

Unterhalten sich zwei Rapid-Fans: „Du, mein Hund kann unglaubliche Kunststücke: Jedesmal, wenn wir bei einem Derby ein Tor bekommen, macht er einen Salto." „Unglaublich! Vorwärts oder rückwärts?" – „Du, je nachdem, wo ich ihn treffe..."

Der Portier vom Hanusch

HELGE PAYER erzählte nach einem Training Masseur Wolfgang Frey eine Geschichte über seinen Vater, der einen Autounfall hatte. Passiert ist zum Glück nicht viel, dennoch blieb ein Passant stehen und bot Payer senior an, ihn zum Durchchecken ins Meidlinger Unfallkrankenhaus zu nehmen. Auf dem Weg dorthin rief er seinen Sohn an und informierte ihn über den Unfall. Helge schaltete blitzschnell und trug seinem Vater am Telefon auf, sich ja nicht in Meidling untersuchen zu lassen, sondern unbedingt ins Hanusch-Krankenhaus zu fahren.

Frey wunderte sich und fragte: „Helge, wieso hast du deinen Vater nicht ins Lorenz-Böhler zu Rapid-Arzt Zifko geschickt." Payer hatte scheinbar bessere Kontakte: „Wieso? Na, weil ich im Hanusch persönlich den Portier kenne."

Publikums-Liebling Ladi Maier: für ihn lernten die Rapid-Fans sogar Tschechisch!

Super oder Normal?

TORMANN-OLDBOY Ladi Maier musste schon zu Beginn der Saison 2004/05 für den verletzten Helge Payer in die Bresche springen und hielt beim 3:0-Heimsieg über Mattersburg sensationell – „Der alte Mann und das Mehr". Zufrieden spendierte Tormanntrainer Herbert Feurer dem Oldboy einen freien Sonntag für die Familie und arbeitete daher nur mit Neuverpflichtung Jürgen Macho. Der noch nicht ganz fitte Helge Payer drehte unterdessen Platzrunden im Ausdauertempo. Als er hinter dem Tor vorbeitrabte, fragte ihn sein Trainer: „Helge, hast du auch immer einen Tag frei bekommen, wenn du super gespielt hast?" Helge überlegte kurz und schüttelte im Laufen den Kopf. Darauf gab ihm Feurer mit auf den Weg: „Siehst du, du hast also nie super gespielt."

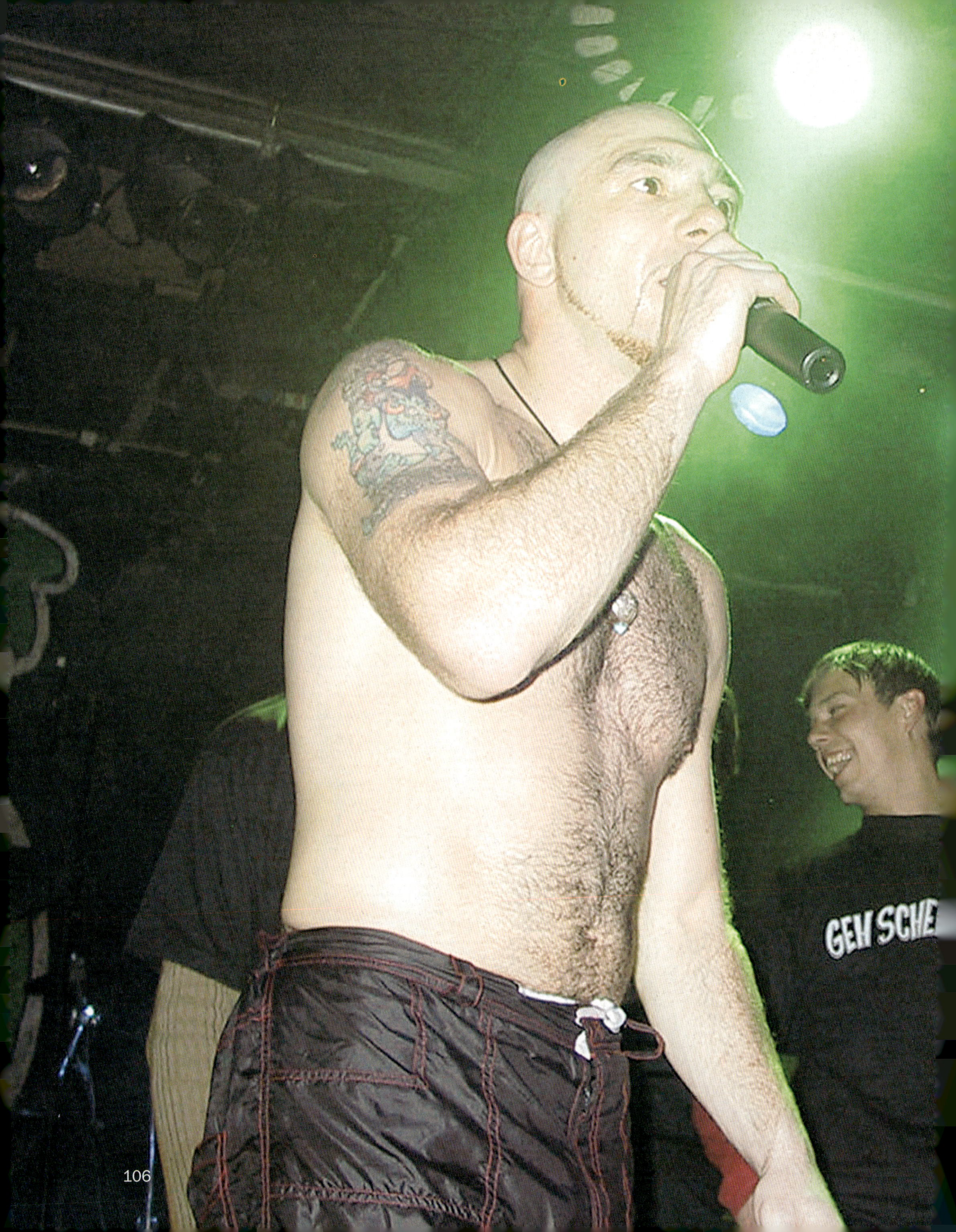
GEH SCHE

Grüne Engel bei Alkbottle

DIE JUGENDZEITSCHRIFT „ReXpress" fand im Frühjahr 2002 heraus, dass die heimliche Lieblingsband von Rapid-Stürmer Roman Wallner aus Meidling kommt und den eher unsportlichen Namen „Alkbottle" trägt. Die Redaktion veranlasste jedenfalls ein Treffen des prominenten Alkbottle-Fans mit den bekennenden Rapid-Fans in deren Proberaum. Wallner trällerte gar beim Lied „I scheiss am Frisör" mit. Eine Aussage, die er jedoch mit ständig wechselnden Haarfarben eindrucksvoll widerlegte. Als Wallner seine Schüchternheit abgelegt hatte, fragte er abseits der Mikrofone Gregory: „Sog, saufts ihr wirklich sovü, wie olle sogn?" Darauf Gregory: „Nein – und du?" Der Doppelpass kam an, Wallner sagte zu, beim alljährlichen Weihnachtskonzert „Fett wie a Christkind" der „Bottle-Buam" als Hintergrundsänger zu brillieren.

TATORT PLANET MUSIC, Dezember 2002. Die Meidlinger Kultsänger trieben 4.000 Fans schon einige Zeit zur Ekstase, von Wallner jedoch keine Spur. Sänger Roman Gregory gab schon jede Hoffnung auf, als plötzlich zwei Rapid-Trikots aus dem Publikum auf die Bühne flogen. Eines mit der Nummer 10 und dem Namen Gregory am Rücken, das 8er-Leiberl war für Bassist Marco Biliani bestimmt. Die Band winkte die Rapidler Roman Wallner, Goalie Oliver Fuka und Florian Schwarz zwecks Leiberltausch hinter die Bühne. Bei der zweiten Zugabe trällerten alle den Klassiker „Autobus", die Rapidler trugen dabei schwarze Trikots mit der dezent-höflichen Aufschrift „Geh scheissn".

www.alkbottle.at

Blondinen bevorzugt

ANFANG 2004 stand im deutschen Kult-Kicker-Monats-Magazin „11 Freunde" geschrieben, dass Rapid-Spieler Roman Wallner in Wien scheinbar ein echter Gigolo sei. Und das kam so: Wallner ließ sich als einer der ersten Rapidler eine eigene Homepage unter www.romanwallner.com installieren. Weil er dermaßen stolz auf das Internetprodukt war, rief er relativ rasch zur Wahl des Fans des Monats auf, um seine Surfer auch näher kennen zu lernen. Wer sonst als Roman höchstpersönlich sollte die freudigen Gewinner auswählen?

Und siehe da, die ersten vier Male in Folge gewann jeweils die blondeste unter den Blondinen, die der Stürmer stilgerecht zu einem Abendessen mit Kerzenschein im Szene-Italiener „Barbaros" nahe der Kärntnerstraße einlud. Wallner war eben kein Kostverächter. So und so.

Nach dem Artikel in besagtem Magazin wendete sich erstaunlicherweise das Blatt, und auch Burschen durften sich als Sieger und Fans des Monats fühlen. Mit ihnen ging Roman Wallner allerdings nur zu „Mc Donald's".

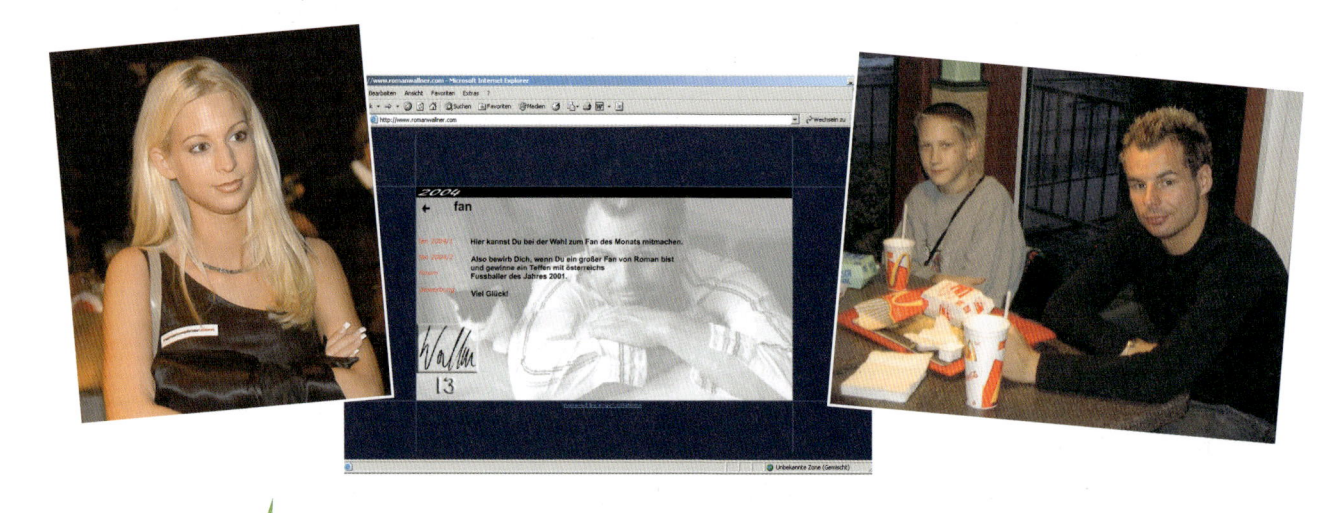

Rapid-Trainer Ernst Dokupil im Herbst 1997 nach dem Aufstieg in der Europacup-Nervenschlacht gegen 1860 München: „Es muss einmal öffentlich gesagt werden: Fußball ist ein Scheißspiel."

Nach der Pleite von Ried mussten alle Schlümpfe von Ernst Dokupil beim Stammtisch antanzen.

Als Strafe ins Restaurant

1995 BESTRITT der SV Ried sein erstes Bundesligaspiel ausgerechnet daheim gegen Rapid. Beim Stammtisch Grün-Weiß war tags darauf ein Klubabend im Vereinslokal auf der Hütteldorferstraße geplant. Eingeladen waren Trainer Ernst Dokupil und Neuverpflichtung Peter Stöger. Rapid verlor bekanntlich die Partie in Ried peinlicherweise 1:2.

Die Mitglieder vom „Stammtisch" warteten im Keller des Restaurants auf ihre „Helden" und hatten schon alle ihre unangenehmen Fragen auf Blöcken notiert. Doch zum ausgemachten Zeitpunkt um 19.30 Uhr erschien niemand. Nach einer Viertelstunde wurde es einem Fan zu blöd, er suchte und fand die gesamte Mannschaft im Gastgarten. Das war nicht ausgemacht. Andreas Heraf klärte den verblüfften „Stamm-Tischler" auf: Ernst Dokupil hatte für seine Spieler auf die Taktik-Tafel in der Kabine unmissverständlich Folgendes gekritzelt: „Heute, 19 Uhr, die ganze Mannschaft geschlossen beim Klubabend beim Stammtisch Grün-Weiß. Entschuldigungen nicht möglich. Ihr könnt euch für den gestrigen Schrott, den ihr gespielt habt, dort selbst rechtfertigen."

Gefesselter Adamski

9 UHR, RAPID-KABINE. Die Spieler ziehen sich für das Vormittagstraining um. Marcin Adamski liest die Tageszeitungen. Sebastian Martinez verwickelt ihn in ein Gespräch, damit Mehdi Pashazadeh ungehindert seinen Streich ausführen kann. Er bindet Marcins Schuhe zusammen und noch weitere sechs Paare dazu. Bei der Spielerbesprechung von Trainer Josef Hickersberger musste Adamski aufstehen und quer durch die Kabine an die Tafel spazieren. Dabei schliff er eine ganze Stiefelkönig-Filiale hinter sich her. Das Training nahm Marcin mit einer Verspätung von 30 Minuten auf. Und hätten ihm nicht zwei Spieler geholfen, so wäre er heute noch verknotet. Adamski ist eben kein Entfesselungskünstler wie der berühmte Houdini.

Trainer Hickersberger zu einem Spieler: „Du könntest ein wirklich guter Fußballer sein, wenn dir nicht dauernd zwei Dinge im Weg wären."
Spieler: „Ja, Trainer, und welche?" – Hickersberger: „Deine beiden Füße."

Probleme mit Mandl(n)

TORMANN LADI MAIER ging bei einem Vormittagstraining auf seinen Trainer Funki Feurer zu und erklärte ihm, er hätte in letzter Zeit so große Probleme mit den Atemwegen und schnarche stets die ganze Nacht durch. Seine Frau sei schon so verärgert, dass sie ihn samt Bett ins Wohnzimmer schieben möchte. Maier wollte ein paar Tage frei bekommen, um sich in Tschechien untersuchen und notfalls auch operieren zu lassen. Der sonst so strenge Feurer zeigte sich verständnisvoll und suchte seinem Schützling einen passenden Termin in einer anstehenden spielfreien Phase.

Eine Woche später war Feurer mit den Leistungen von Ladi Maier und Helge Payer nicht zufrieden. Genau zu jener Zeit wurde bei der Austria Tormann Thomas Mandl abgeschoben und suchte einen neuen Verein. Für Feurer eine tolle Gelegenheit, um seinen Goalies ein bisschen Feuer unter dem Hintern zu machen. Er holte am Platz Maier und Payer zu sich und drohte mit bösem Gesichtsausdruck: „Ladi, ich frage dich als Älteren von euch beiden zuerst: Hättest du ein Problem mit Mandl?" Darauf öffnete Ladi Maier seinen Mund und deutete mit dem Zeigefinger in den Hals hinein: „Trainer, kann ich dir erst am Montag oder Dienstag nach der Untersuchung in Tschechien sagen." Daneben fiel Helge Payer vor Lachen um und hielt sich minutenlang die Bauchmuskel. Mandl war bei Rapid freilich nie ein Thema, Ladis Schnarcherei ab sofort umso mehr.

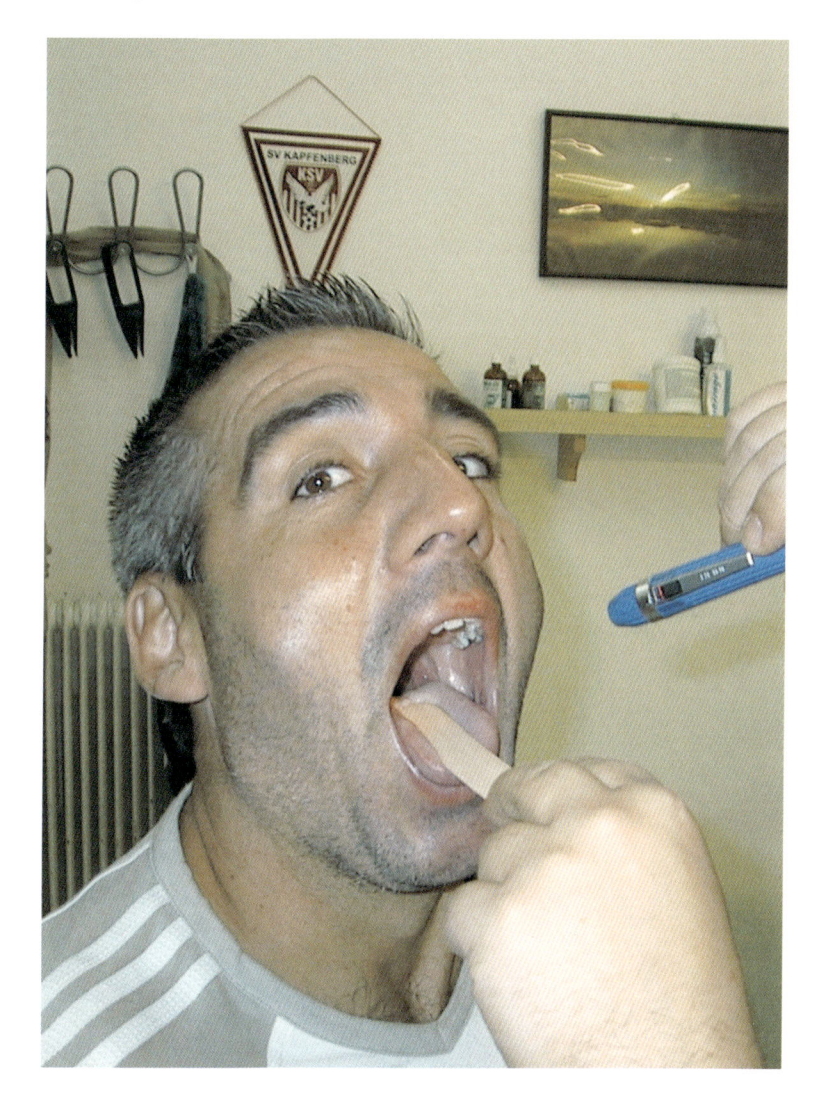

Warum erfrischt mich das Ottakringer bloß so?

Bloß so.

Frage an Doktor Lugscheider: „Kann man von Hofmanns Tropfen schwanger werden?"
Lugscheider: „Ja, wenn die Tropfen von Herrn Hofmann sind."

Berühmt oder nicht berühmt – das ist hier die Frage...

TORMANN-HANDSCHUHE haben eine sehr beschränkte Lebensdauer, sind nach wenigen Monaten im wahrsten Sinne des Wortes „zum Schmeißen". Helge Payer und Ladi Maier werden daher von ihrem Ausrüster laufend mit neuen Paaren versorgt.

Wieder kam so eine neue Lieferung in die Kabine des Hanappistadions, die beiden Goalies packten ihre neuen Fanggeräte aus wie Kleinkinder vor dem Christbaum. Ihre Augen leuchteten, ist doch auf jedem Paar ihr eigener Name auf dem Klettverschluss gedruckt.

Da betrat der Tormanntrainer die Kabine und wollte dem kindischen Treiben ein Ende setzen. Er fragte seine Schützlinge: „Wisst ihr eigentlich, warum bei uns früher nie die Namen auf den Handschuhen gestanden sind?" Payer & Maier blickten einander fragend an und schüttelten den Kopf. Darauf Feurer: „Uns haben die Leute eben gekannt." Drehte sich um und ging zum Training.

Namenlos

GYURI GARICS feierte sein Bundesliga-Debüt voller Stolz im grün-weißen Leiberl beim Heimspiel gegen Sturm Graz. Er streifte mit breiter Brust das Trikot über, machte sich für die Partie bereit. Vor lauter Nervosität merkte er nicht, dass ihm seine „lieben" Teamkollegen den Namenszug unter seiner Nummer mit einem Streifen Tapeverband zugepickt hatten. „Gyuri Namenlos" schritt konzentriert durch den Tunnel in Richtung Spielfeld, als ihm „Altspatz'" Andi Herzog in letzter Sekunde das Tape vom Rücken zupfte. „Gyuri, die Leute sollen ja wissen, wer du bist."

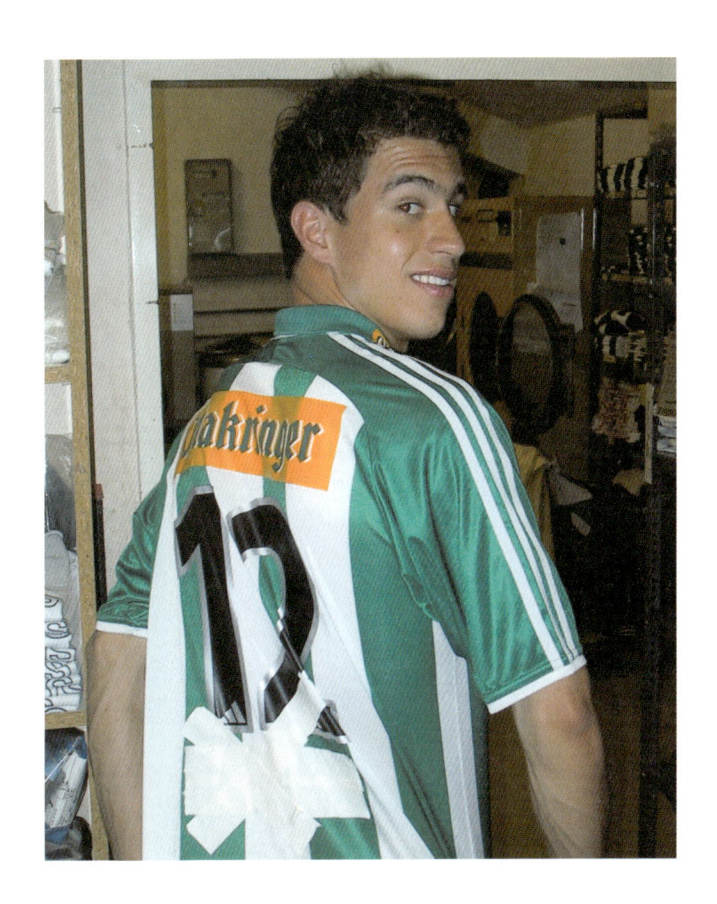

Regeneration

VERTEIDIGER MARTIN PUZA, der in den 90er-Jahren in Grün-Weiß einige Zeit lang viele gegnerische Stürmer zu Fall brachte, kickte gegen Ende seiner Karriere beim GAK. Der Meister des Jahres 2004 hatte damals etwas mehr zu kämpfen und dribbelte im Mittleren Playoff herum. In der Kabine entbrannte eine hitzige Diskussion über die Aufstiegs-Modalitäten. Vor allem die jungen Spieler wussten nicht, wie sich der Verein für das Meister-Playoff qualifizieren könnte. Da erhob Routinier Martin Puza, aufgrund seiner Winnie-Schäfer-Mähne auch kurz und bündig „Weisser" genannt, die Stimme und erklärte den Buben das Fußballer-Leben: „Schaut's her: der Erste steigt direkt auf, und der Zweite spielt Regeneration."

Winnie Schäfer oder Martin Puza? Auf alle Fälle „Der weiße Hai".

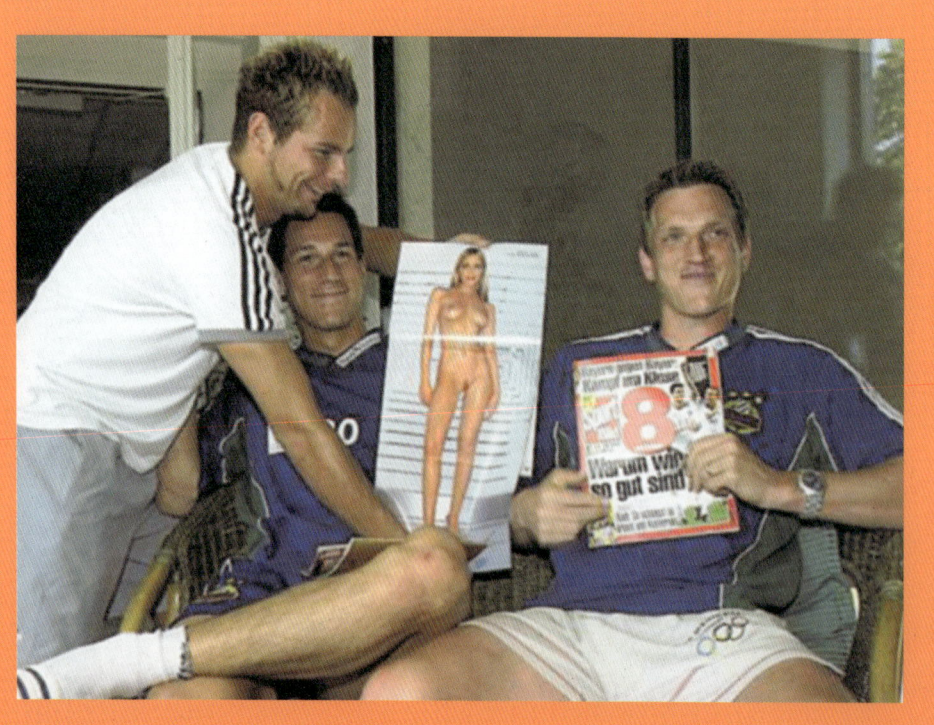

Ein Masseur kommt selten alleine. Bertl Skalsky beobachtet mit schmucker Kopfbedeckung aus Kasan seinen „Chef" Wolfgang Frey beim FKK-Eincremen im Trainingslager zu Dubai. Es folgte eine Anzeige wegen Sittenwidrigkeit und Erregen öffentlichen Ärgernisses. Bei diesem Körper ...

DAS GEHEIMNIS DES ERFOLGES!
Wer dauerhaft guten Fußball spielen will, der muss sich nach anstrengenden Matches auch gut und gezielt entspannen, damit er wieder locker wird. Die richtige Lektüre ist dabei von allergrößter Bedeutung!

Der Banküberfall

TORMÄNNER sind bekanntlich eine eigene Rasse. Egoistische Einzelkämpfer, die nur eines im Kopf haben: die Nummer 1 zu sein. Schwierig wird es für Trainer, wenn man zwei komplizierte Charaktere bändigen und unter einen Hut bringen muss. Bei den Deutschen würden sich Oliver Kahn und Jens Lehmann am liebsten gegenseitig die Augen auskratzen. Nicht so bei Rapid! Ladi Maier und Helge Payer kommen bestens miteinander aus, stacheln ihre Leistungen im positiven Sinne an. Keine Spur von Neid. So pflegen sie die Tradition, dass sie sich am Ende einer Saison gegenseitig ihre Tormann-Trikots schenken. Helge erhält Ladis Nummer 1, Ladi wiederum Helges Nummer 24.

Vor einiger Zeit entdeckte Helge Payer einen interessanten Artikel in einer großen kleinformatigen Tageszeitung. Eine Messer-Bande überfiel eine Bank, und die Polizei fand im Fluchtauto einige Messer – und ein oranges Rapid-Tormann-Trikot mit der Nummer 24 am Rücken! Payer schnappte sich vor dem Training seinen älteren Kollegen Ladi und versicherte ihm in kumpelhaftem Ton: „Ladi, warum hast du nicht gesagt, dass du Geld brauchst? Keine Sorge, ich werde es niemandem sagen und dich auch nicht anzeigen. Und wenn du doch in den Häfen gehst, komme ich dich natürlich besuchen."

Eingesperrt auf der „West"

NEO-RAPID-TORMANN Jürgen Macho war schon seit jeher ein „Kind von der West". Vor einigen Jahren stand er bei einer Derby-Matinee gegen die Austria an einem Sonntag vormittag auf der Tribüne und schrie sich die Seele aus dem Leib. Ohne Erfolg! Als sich Jürgen so richtig den Schlaf aus den Augen gerieben hatte, stand es schon 1:5. Für echte Rapidler Grund genug, ein wenig die Contenance zu verlieren. Die Fans von der West montierten von ihren Fahnen die Plastikstangen ab und übten sich im olympischen Speerwurf. Worauf die Weitenrichter als Polizisten verkleidet aufmarschierten und die „Westtribüne" kurzerhand sperrten. Während sich das restliche Stadion leerte, wurde Jürgen Macho zunehmend nervöser. Immerhin hatte er an diesem Tag als Tormann der Rapid-U 17 um 13 Uhr seinen großen Meisterschafts-Auftritt noch vor sich. Es kam wie es kommen musste: Die „West" blieb für längere Zeit gesperrt, weil man den Speerwurf-Sieger nicht schneller ermitteln konnte, und Jürgen Macho kam viel zu spät zu seinem eigenen Spiel. Der Trainer hatte kein Einsehen und vermutete eine billige Ausrede, setzte Macho auf die Bank und wechselte ihn erst in der zweiten Spielhälfte ein. Es war das erste und letzte Mal, dass der Rapid-Goalie seine Handschuhe nicht überstreifen durfte, weil man ihn auf der geliebten „West" eingesperrt hatte.

Andi Ivanschitz kann nicht nur gut Fußball spielen, sondern eignet sich auch ideal für andere Tätigkeiten: Zum Beispiel als Badewaschl in Dubai, oder als Rasenmähermann in Hütteldorf. Andi, hol' mi mit dein Traktor ab!

Die vielen Talente des AI8

Ivanschitz, der Barbier von Hütteldorf, der Wallner mit den zwei Gesichtern behandelt, und als Can-Can-Tänzerin, die das Publikum im Pariser Lido verrückt machte.

Der g'stanzte Wüstenfuchs

JOSEF HICKERSBERGER verschlug es einige Jahre äußerst erfolgreich in die Wüste. Eine Zeit, in der er sehr viele aufregende Dinge erlebte und für sein Leben lernte. In Qatar wohnte er zum Beispiel bei Ausbruch des Afghanistan-Krieges nur 200 Meter vom arabischen TV-Sender Al Jazeera entfernt. In seiner leicht sarkastischen Art meinte er: „Wenn dort eine Bombe einschlägt, dann wisst ihr ja, wo ihr mich suchen könnt." Auch musste er Papiere und Fingerabdrücke den Behörden übergeben – für den Fall einer blitzschnellen Ausreise. Aber auch sportlich konnte Qatar zwischendurch ein heißes Pflaster sein.

„Hicke" hatte mit seiner Mannschaft im Semifinale des „Emir-Cup", im Qatar-Fußball von höchster Bedeutung, das Hinspiel 1:0 gewonnen und war auch für das Rückmatch guter Dinge. In der Besprechung teilte er seinen Burschen die Mannschaftsaufstellung mit, als plötzlich ein Funktionär blitzartig zu seinem Mobiltelefon griff und aufgeregt und unverständlich in den Hörer brüllte. Keine fünf Minuten später wurde die Kabinentür aufgerissen, es erschien der Scheich, im Gesicht nicht bleich, sondern vielmehr hochrot. Der Vereinsboss sprintete auf Hickersberger zu, packte ihn an den Schultern und rüttelte und schüttelte ihn. Gestikulierend und schimpfend verwies er Herrn Josef der Kabine. „Hicke" war während der Spielerbesprechung g'stanzt worden, weil er die Mannschaft an drei Positionen verändern wollte. Zustände wie am Verteilerkreis.

Die Scheich-Opposition im Klub nahm den völlig verwirrten Trainer zur Seite und entschuldigte sich für das Verhalten des Scheichs. Er sei halt ein bisserl aufbrausend. Nach heftigen Diskussionen, denen Hickersberger aufgrund der Sprachbarrieren nicht ganz folgen konnte, war er plötzlich wieder rechtzeitig zum Aufwärmen in Amt und Würden. Sein Team gewann sowohl das zweite Halbfinale als auch das anschließende Finale jeweils mit 4:1.

Den wahren Grund für des Scheichs Raserei erfuhr Hickersberger erst später. Dem Geldgeber war nämlich zu Ohren gekommen, dass sein Trainer heimlich nach Wien geflogen sei und bei Rapid einen Vertrag unterschrieben habe. Das kam natürlich einer Majestätsbeleidigung gleich...

Der einzigartige

RAPIDS COACH Josef Hickersberger ist kein normaler Trainer. Er ist ein außergewöhnlicher Mensch mit Fähigkeiten, die andere nicht vorweisen können. Lesen Sie hier und jetzt, was Josef Hickersberger von seiner Umwelt unterscheidet.

Josef Hickersberger ist der einzige Rapid-Trainer, der in Bad Kleinkirchheim am 6. Loch ein Hole-in-one gespielt hat und von sich behauptet, nie an einem Ball vorbei gesäbelt zu haben.

Josef Hickersberger ist der einzige Rapid-Trainer, dem eine „Krach-Lederne" wirklich passt.

Josef Hickersberger ist der einzige Rapid-Trainer, der den Großglockner bestiegen hat.

"Hicke"

Josef Hickersberger ist der einzige Rapid-Trainer, der sieben Jahre in der Wüste ohne Sonnenbrand überlebt hat und Meister und Cupsieger in Qatar und Meister in Bahrein geworden ist. Außerdem ist er der einzige Rapid-Trainer, der jemals eine Schachpartie gegen Garri Kasparow und Anatoli Karpow bestritten hat und sich dabei nicht wie ein simpler Bauer vorkommen musste.

Pepi, Pepi cool...

ES GESCHAH am 31. August 2003 im Heimspiel des SK Rapid Wien gegen den FC Kärnten. Josef Hickersberger, normalerweise ein ruhiger und besonnener Typ, kalt wie ein Fisch mit Ruhepuls knapp über 0, zeigte sich von einer bis dahin noch nie gesehenen Seite und rastete völlig aus. Nach der roten Karte für einen seiner Spieler und vielen fragwürdigen Entscheidungen des Unparteiischen lief Hicke innerlich auf 18.000 Umdrehungen pro Minute.

Der vierte Mann in Schwarz vermochte ihn trotz minutenlangen Beruhigens nicht auf Normaltemperatur zu bringen. Ein Ohrenzeuge gab folgenden angeblichen Dialog zu Protokoll: Josef Hickersberger: „Sehr geehrter Herr vierter Mann, wie heißt denn ihr Hund?"

Der vierte Mann darauf: „Ich habe keinen."

Hickersberger konternd: „Das tut mir wirklich leid. Blind und keinen Hund." Daraufhin nahm Hicke gemächlich auf der Tribüne Platz.

IHR AUFTRITT, BITTE! Hickes Emotionen im Zeitraffer: Zuerst führte er eine sachliche Diskussion zwischen Experten (oben), dann wurde der Rapid-Trainer schon etwas schärfer: „Langer, was wüst denn du?" (rechts).
Worauf Herr Josef unter Beobachtung des Geheimdienstes gestellt wurde und von draußen zusehen durfte, wie Jovica Vico per Kopf in der letzten Minute noch das 2:2 erzielte (unten).

Neu im Handel:
Die Autogrammkarte von Andy Marek!

Andreas Marek

Geburtsdatum: 25. 7. 1962

Position: Marktschreier von Rapid

Hobby: Bewerben beim Eurovision-Songcontest

Lieblingssänger: Andy Lee Marek

Größter sportlicher Erfolg: Kapitän der Reservemannschaft von Groß-Siegharts (Schutzgruppe)

Werbung Fanshop

Bingo mit „Bongo"

RAPIDS TRAINER-TRIO Hickersberger, Persidis und Feurer verbindet eine gute Freundschaft mit Admira-Coach Bernd Krauss. 1982 standen sie gemeinsam in der Hütteldorfer Meistermannschaft und feierten miteinander zahlreiche Erfolge. Während der eine in die Wüste auszog, um seine Scheichs mit Titeln und Pokalen zu überhäufen, der Zweite den Golfschläger zu schwingen begann, und der dritte bis auf ein kurzes Intermezzo Rapid stets die Treue hielt, zog es Krauss in die Sonne nach Spanien. Bei Real Sociedad erinnerte er sich an seine schöne Zeit in Wien und holte mit Didi Kühbauer gleich einen Rapidler nach Nordspanien. Danach ließ es „Bongo", wie er seit seiner Rapid-Zeit genannt wird, auf der Ballermann-Insel Mallorca ordentlich krachen.

Mitte September 2004 empfing Rapid die Admira im Hanappi-Stadion. Nach Mannschaftsaufstellung und Spielbesprechung hockten die Rapid-Verantwortlichen noch in der Kabine und verfolgten bei Zeugwart Johnny Ramhapp die Deutsche Bundesliga im Fernsehen. Feurer schnappte sich einen Stift und schrieb die taktische Aufstellung auf der Flip-Chart völlig um. Er ließ Rapid nur mit einer Spitze stürmen und auch Martin Hiden und Andreas Ivanschitz, eigentlich auf der Bank, von Beginn an geigen. Nach vollbrachtem Kunstwerk á la van Gogh schlenderte Feurer in die Admira-Kabine, um Krauss auf einen Kaffee einzuladen: „Bongo, komm doch rüber, wir schauen uns die Bundesliga an."

Krauss nahm an und wurde von den Rapidlern so platziert, dass er freien Blick auf die Flip-Chart hatte. Hickersberger und Persidis beobachteten ihren Freund ganz genau und mussten ein Lachen unterdrücken, als Krauss nach wenigen Minuten immer öfter verdutzt auf die Tafel schielte. Mit dieser Aufstellung hatte er wirklich nicht gerechnet! Der Kaffee schien Krauss irgendwie nicht mehr recht zu schmecken, er schüttete sich in Windeseile das Koffein in die Venen, sprang auf und düste zurück in die Kabine. Musste da einer seine komplette Taktik über den Haufen werfen? Genützt hat es bekanntlich nichts, Rapid spielte „Bingo mit Bongo" und gewann 2:1.

Der Unterschied zwischen österreichischem und deutschem Fußball: Peter Persidis genießt den Doppler, Bernd Kraus schwört auf schlichtes Mineralwasser.

You'll never walk alone: Grün-Weiße trainieren bei uns billiger!

Wir Grün-Weißen müssen zusammen halten!
Die Jungen Wilden. Und ELIXIA.

Seit vier Jahren holen sich alle Rapidler in unseren Fitness- und Wellness-Clubs Millennium und Hütteldorf den Kick fürs nächste Spiel! Und das nicht ohne Grund: Schließlich stehen unsere Farben für großen Sport. Im Fußball und beim Training. Denn eins ist gewiss: Wir halten zusammen!

Deine Energie. Fürs Spiel. Und für danach.

Wir haben das richtige Programm für alle Leistungsstufen und jede Altersgruppe, für die Ausdauer, die Schnellkraft oder den Six-Pack. Modernste Trainingsmethoden – von Warm up und Stretching über Herz-Kreislauf-Programme bis hin zu BoxPower und Zirkeltraining – sichern dir den Leistungsschub. **Deine Ziele sind bei uns Programm.** Sport-Pool, Saunen und Massage machen sowieso aus jeder Trainingseinheit eine Spaßpartie.
Bleib am Ball – mit ELIXIA.

Die grün-weißen Sonderkonditionen!

Alle Rapidler trainieren bei ELIXIA zu besonders günstigen Preisen. Komm doch einfach mal vorbei informiere dich über unser „grün-weißes" Leistungspaket...
ELIXIA – weil alles andere ist kein Spaß!

www.elixia.at

ELIXIA Club Hütteldorf
Hütteldorferstrasse 130a
A-1140 Wien

Öffnungszeiten
Mo – Fr.: 6.30 – 23.00 Uhr
Sa, So, Feiertag: 9.00 – 21.00 Uhr

Tel: +43 1 415 88-0
sales.huetteldorf@at.elixia.com

ELIXIA Club Millennium
Millennium City

Wehlistraße 66
A-1200 Wien

Öffnungszeiten
Mo – Fr.: 6.30 – 23.00 Uhr
Sa, So, Feiertag: 9.00 – 21.00 Uhr

Tel: +43 1 20 750-0
sales.millennium@at.elixia.com

ELIXIA
Health & Wellness Group

Ausgezeichnet

Walter Weiss, Betriebsleiter von St. Hanappi- und Ernst Happel-Stadion, wurde 2003 geehrt – Funki Feurer weiß bis heute nicht, wofür...

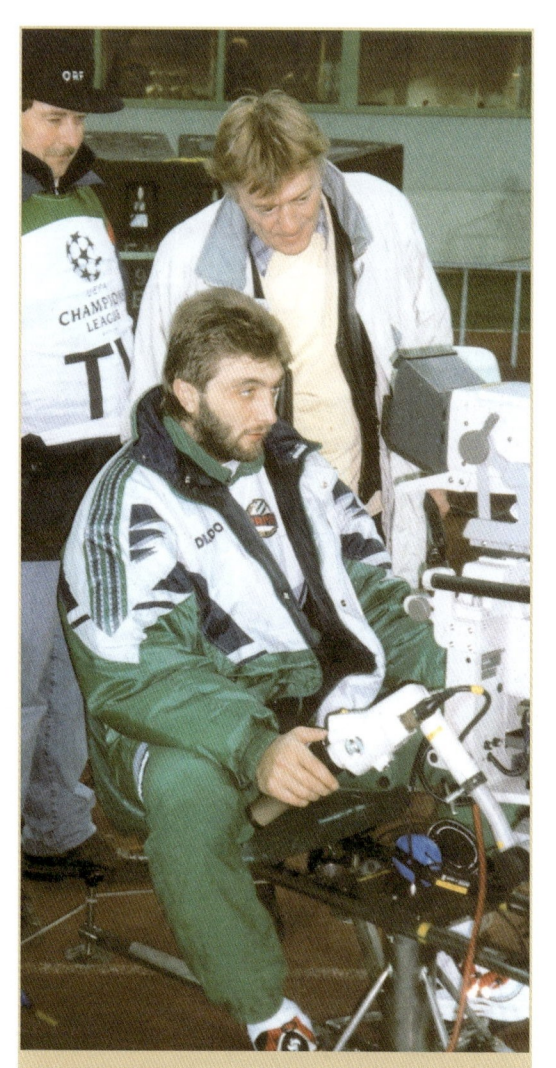

Peter Schöttel im Frühjahr 1996 über seinen Libero Trifon Ivanov: „Er ist der einzige Mensch, den ich kenne, der, wenn er sich rasiert, vier Stunden später wieder einen Vollbart hat."

Zur selben Zeit äußerte sich der sonst bekanntlich so zurückhaltende Didi Kühbauer über den Bartwuchs von Trifon: „Für ihn bräuchten wir eine dritte Halbzeit, damit es zwei Pausen gibt, um seinen Bart zu rasieren."

Die Autoschieberei

RAPID-SPONSOR Andi Kamper greift nicht nur für den einen oder anderen Spieler in sein Geldtascherl, sondern plündert als echter Grün-Weißer auch gerne das Sparschwein für Auswärtsreisen. Vor kurzem bestritt er in Lissabon sein 79. Europacupspiel für Rapid.

Schon 1992 war Kamper mit von der Partie, als das Los den Hütteldorfern Dynamo Kiew bescherte. Weil kein Fanflieger zustande kam, haute sich der Neusiedler mit fünf Freunden auf ein Pack'l und fand noch in der Maschine der Mannschaft Platz. In Kiew angekommen, wurde Rapid der rote Teppich ausgerollt, hübsche Ukrainerinnen warteten mit Blumensträußen. Trainer Gustl Starek fühlte sich geehrt und wollte schon dankend annehmen, als man ihn zur Seite schob und Andi Kamper hofierte. Den vermeintlichen Rapid-Präsidenten und seine „Haberer" schleusten die Dynamo-Verantwortlichen ohne Kontrolle durch den Zoll und chauffierten sie in einer Luxuslimousine zum Hotel, wo sechs TV-Stationen und 30 schreibende Journalisten auf einer Pressekonferenz auf sie warteten. Kamper beteuerte pausenlos, dass er nur ein einfacher Fan wäre, doch der Dolmetsch dürfte entweder des Deutschen oder des Russischen nicht ganz mächtig gewesen sein und erzählte irgendwas, nur nicht die Wahrheit. Schließlich gelang es dem „Präsidenten", die Ukrainer von dem Irrtum zu überzeugen und stellte sich als Autohändler aus dem Burgenland vor. Auch kein Fehler!

Denn die Kiew-Funktionäre zeigten sich derart begeistert von den VW-Golf-Modellen, dass sie an Ort und Stelle 30 Exemplare kauften und Kamper eine Scheibtruhe voll mit Dollar-Scheinen vor die Füße stellten. Der Neusiedler ließ das Geld bei der nächsten Bank überprüfen und zahlte anschließend auf das Firmenkonto ein. Es handelte sich um die lukrativste Auslandsreise mit Rapid, die Kamper jemals angetreten hat.

Weil ihm zu dieser Zeit keine Spedition für die Überstellung der 30 Autos zur Verfügung stand, traf man sich in der „Mitte". Kamper brachte die Wägen nach Bratislava, wo die zweite Mannschaft von Dynamo wartete und die Boliden nach Kiew pilotierte. Eine „Autoschieberei" der ganz besonderen Art!

Savicevic ohne Sprit

DEJAN SAVICEVIC hatte bei Rapid nicht nur auf dem Platz geniale Auftritte, sondern auch auf den Straßen von Wien und Umgebung. Eines Tages wollte er seinen Dienstwagen zwecks Reifenwechsels in Richtung Neusiedl bringen, als ihm mitten auf der A 4 der Sprit ausging. Savicevic war saft- und kraftlos, der Wagen stand wie ein Bock auf der Überholspur. Hinter dem Primgeiger von Rapid bildete sich ein Megastau, der bis auf die Südost-Tangente zurück reichte, die erbosten Autofahrer verfluchten lautstark den Verursacher – bis sie Dejan erkannten.

Von diesem Zeitpunkt an musste Savicevic mitten auf der Autobahn Autogramme schreiben, sein Wagen wurde von den Leuten auf den Pannenstreifen geschoben. Ein Star wie Savicevic muss sich die Finger nicht schmutzig machen.

Beflügelt ins Krankenhaus

IN DER SAISON 2002/03 ermöglichte Trainer Josef Hickersberger den Transfer zweier Spieler aus dem arabischen Raum zu Rapid. Verteidiger Saoud Fath und Stürmer Adel Jadoua wechselten nach Wien. Während Fath regelmäßig spielte, beschränkte sich Jadouas Highlight auf den Ausgleichstreffer zum 1:1 im Spiel gegen Bregenz im Happelstadion. Fath wird das Gastspiel bei Rapid aufgrund eines bestimmten Erlebnisses in Erinnerung behalten. Im Fastenmonat Ramadan gingen beide Saudis aufgrund des Verzichts von Mahlzeiten untertags an ihre körperlichen Grenzen. Nach einem Arbeitstag mit zwei Trainingseinheiten nahmen die Mitspieler Saoud Fath zwecks Integration mit in ein Lokal in den Stadtbahn-Bögen. Weil Alkohol aus religiösen Gründen für den Verteidiger Tabu waren, löschte er mit einem bekannten Energy-Drink auf nüchternem Magen seinen Durst. Nach der fünften Dose wurde Fath derart schlecht, dass er innerhalb kürzester Zeit gar nicht beflügelt in der Horizontalen lag und mit einem Krankenwagen zu den Barmherzigen Brüdern ins Spital gebracht wurde. Es dauerte einen Tag, bis er seinen Ruhepuls wieder erlangte...

RADIOREPORTER-LEGENDE

Edi Finger jun. ist mit dem Wiener Schmäh versorgt bis ins Jahr 2050 und hat nicht nur einmal ganze Tische mit seinen Wuchteln unterhalten. So auch in der Saison 1995/96, als Rapid im Europacup bei Sporting Lissabon antrat. In der Innenstadt von Lissabon saßen einige Journalisten und Funktionäre von Rapid an einem lauen Abend gesellig beim Essen beisammen. Der durstige Edi Finger jun. bestellte eine Flasche Rotwein. Der „blaue Portugieser" war nicht der Kellner, sondern der Wein, den dieser servierte. Finger erkundigte sich nach der Qualität des Weines in brillantem Englisch: „Is this a good one or a Schas one?" Unverschämterweise erhielt er keine Antwort...

Der Ombudsmann

RAPID WIEN besitzt ein hochkarätiges und umfangreiches Ärzteteam, das so ziemlich alle Wunden in Rekordtempo heilen kann. Gleich, ob es sich dabei um eine Arthroskopie im meniskuslädierten Knie von Trifon Ivanov handelt, der fünf Tage später im Europacup die gegnerischen Stürmer abmontieren konnte, oder um andere Wehwehchen. Zu diesem Team zählt auch Dr. Werner Vogt. Nach dem Pflegeskandal im Spital in Wien-Lainz wurde ebendieser Vogt zum Ombudsmann der „Kronen Zeitung" bestellt, auf dass er sich um Beschwerden kümmert und verärgerte Patienten wieder zufrieden stellt. Natürlich sprach sich die Wichtigkeit des Herrn Doktor Vogt, dem zum Ex-Bundes-Berti nur ein lächerliches „s" fehlt, im Verein herum. Vor einem Training schlenderte ein Spieler locker an der Trainerkabine vorbei und meinte in Richtung Hickersberger, Persidis und Feurer: „Der Herr Vogt ist der absolut wichtigste Mann für die Rapid-Trainer. Damit diese nach ihrem Rausschmiss rechtzeitig einen Platz in Lainz bekommen." Von der Bank nicht in die Pension, sondern direkt ins Altersheim! So stressig ist eben nur der Trainerjob.

Gustl Starek: „Ich muss jetzt schön langsam mein Erspartes angreifen, denn ich will nicht der Reichste am Friedhof sein..." – Na, Prost!

Was unterscheidet Gott von Hans Krankl? Gott weiß, dass er nicht Hans Krankl ist.

Die Fanclubs des SK Rapid

Fanklubname	Ansprechpartner	PLZ	Ort
Alte Garde 3.Halbzeit	Peter Braunsdorfer	1210	Wien
Bimbos Erben	Karl Finding	1234	Wien
Braveheart	Günther Wagner	1232	Wien
Commandos Pantera	Andreas Dietrich	3042	Würmla
Cuore Verde	Harald Selenz	2353	Guntramsdorf
Die 99-er SK Rapid Fanklub	Roman Divoky	1100	Wien
Erster Fanklub Süd des SK Rapid	Barbara Bleich	7062	St. Margarethen
Erster Mühlviertler Rapid-Stammtisch	Manfred Pils	4120	Neufelden
Euphorics 2002	Sebastian David Gaber	1020	Wien
Fanclub Green Boys Trasdorf	Anton Andrä	3452	Trasdorf
Fanklub Green Artery	Stefan Ferchhumer	4731	Prambachkirchen
Fanklub Grüner Kreis Loosdorf	Johannes Koppensteiner	3382	Loosdorf
Fanklub Grün-Weiß Königswiesen	Matthias Houdek	4280	Königswiesen
Fanklub Langenzersdorf	Ludwig Voith	2103	Langenzersdorf

Fanklubname	Ansprechpartner	PLZ	Ort
Fanklub Rapid 2000	Johann Illenseer	4902	Wolfsegg
Fanklub SK Rapid 1899	Stefan Üblacker	3312	Oed/Amstetten
Fanklub SK Rapid Grün Weiß Hausbrunn	Herbert Hammer	2145	Hausbrunn
Fifi`s Green Shadows	Hannes Weintögl	3233	Kilb
Flo`Town Boys	Stefan Singer	1210	Wien
Gaudeamus Grün-Weiss	Stefan Porstner	1020	Wien
Green Devils Ohlsdorf OÖ	Gerald Wiesauer	4694	Ohlsdorf
Green Dragons	Peter Krizek	1140	Wien
Green Eagles	Christian Windhager	2230	Gänserndorf
Green Lions Linz – Ebensee	Helmut Mitter	4111	Walding
Green White Angels	Michael Secka	2500	Baden
Green White Devils Amstetten	Martin Peschetz	3300	Amstetten
Green White Familiy	Heribert Skucek	1120	Wien
Green White Forces	Martin Marosits	7535	St. Michael

Fanklubname	Ansprechpartner	PLZ	Ort
Green White Leibnitz	Gerald Sabathi	8430	Gralla
Green White Power	Markus Pfeffer	1210	Wien
Green White Rabbits Oggau	Christoph Wagner	7063	Oggau
Green White Shooters	Stefan Kroiss	4840	Vöcklabruck
Green White Spirit	Andreas Drastil	1140	Wien
Green White Storks	Christoph Freiler	7071	Rust
Green white Styrian Panthers	Thomas Schadler	8344	Bad Gleichenberg
Green White Vampires	Helga Hödlmoser	1100	Wien
Green White Vikings	Gerald Hitzler	1160	Wien
Green White Warriors	Christian Schmitz	1100	Wien
Greenlings	Christian Bruckner	3313	Wallsee
Grün Weisse Gletscherfreunde	Alexander Taxacher	6293	Tux 616
Grün Weißen Schurken	Gerhard Kunst	2225	Groß Inzersdorf 83
Grün Weisses Urgestein	Stefan Kuber	1120	Wien
Grün/weiß Nagelberg und Umgebung	Herwig Gatterwe	3871	Alt-Nagelberg
Grüne Bären	Wolfgang Paule	2323	Mannswörth
Grüne Hengste	Martin Bach	1160	Wien

Fanklubname	Ansprechpartner	PLZ	Ort
Grün-Weiss Favoriten	Roland Hoppe	1100	Wien
Grün-Weiss Mühlviertel West	Markus Kraml	4121	Altenfelden
Grün-Weiß Winklarn	Gernot Lechner	3300	Winklarn
Grün-Weiss-Amstel	Franz Altenberger	3500	Krems
Grün-Weisse Akademiker	Dr. Gerald Netzl	1230	Wien
Grün-weiße Apetloner	Johann Exner	7143	Apetlon
Grün-Weisse Piraten	Martin Lagger	9854	Malta
Grün-Weiße Reinsberger	Johannes Heigl	3270	Scheibbs
Grün-Weiße-Distel	Mag. Christoph Moser	1130	Wien
Hurricanes Inzersdorf	Martin Kogelbauer	1230	Wien
Hütteldorfer Kadetten	Susanne Wenzl	1140	Wien
Hütteldorfer Xindl	Heinz Deutsch	1020	Wien
Klub der Freunde des S.C.Rapid	Philipp Linke	1140	Wien
Kryptonit Rapid	Wolfgang Zeiler	1200	Wien
Lords	Anton Braunstein	1100	Wien
OMS-Operation Mainstream	Raimund Veronese	1140	Wien
Rapid Club Bad Tatzmannsdorf	Martina Schmidt	7431	Bad Tatzmannsdorf

Fanklubname	Ansprechpartner	PLZ	Ort
Rapid FanClub Illmitz	Alfred Pölzer	7142	Illmitz
Rapid Fanclub Quartett	Alexander Heinz	1210	Wien
Rapid Fanclub Speising	Johann Janda	1130	Wien
Rapid Fanklub „Grüne Reblaus Wachau" e.V.	Andreas Frey	3644	Emmersdorf
Rapid Fanklub Beinhart	Wolfgang Knoll	7210	Mattersburg
Rapid Fanklub Edelstal	Rudolf Zax	2413	Edelstal
Rapid Fanklub Oberer Bräuer	Josef Wohleser	8832	Oberwölz
Rapid Fanklub Perchtoldsdorf	Wolfgang Halama	1140	Wien
Rapid Fanklub Podersdorfer Störche	Ernst Steiner	7141	Podersdorf
Rapid Fanklub Saxen	Reinhard Tremesberger	4351	Saxen
Rapid Fanklub St. Margarethen	Franz Seiberl	3231	St. Margarethen 25
Rapid Fanklub Veltlinerland	Johann Kleibl	2170	Poysdorf
Rapid Fanrunde Neunkirchen	Karl Vanicek	2620	Neunkirchen
Rapid M@ilers	Wolfgang Hagen	1050	Wien
Rapid on Tour	Wolfgang Seitz	1230	Wien
Rapid Periwinkles	Gerhard F. Scheimer	3763	Japons
Rapid Wien Fanklub Schärding OÖ	Stefan Mayr	4774	St. Marienkirchen 150

Fanklubname	Ansprechpartner	PLZ	Ort
Schwachstelle	Michael Böhm	1220	Wien
SCR Fanklub Green Bulls	Erich Egelwolf	1210	Wien
SCR Tyroler Stuben	Fritz Fiala	1020	Wien
Seewinkler Schlümpfe Fanklub Frauenkirchen	Ernst Lackner	7132	Frauenkirchen
Sempre in Olio	Bernhard Hruschka	1180	Wien
SK Rapid Fanklub Dobersberg	Johann Barta	3843	Dobersberg
SK Rapid Fanklub Gnadendorf	Christian Schmidt	2152	Gnadendorf
SK Rapid Fanklub Prugg	Günther Weinöhrl	2460	Bruckneudorf
SK Rapid-Fanklub Green Guinness-Mittelburgenland	Jürgen Anton Fuhrmann	7444	Mannersdorf
Stammtisch Grün-Weiss e.V.	p.A. Interunfall Michael Mann	1220	Wien
Stehtisch Grün-Weiss Futterknecht	Thomas Kaufmann	1020	Wien
Tornados Rapid Wien 1996	Dominik Hahn	2320	Schwechat
Ultras Rapid Block West 1988	Roland Kresa	2285	Leopoldsdorf
Voralpengötter Ybbsitz	Thomas Schwaigerlehner	3292	Gaming
Wiener Löwen 95	Roberto Velasquez Klasz	2331	Vösendorf
Young Guns Rapid		3162	Rainfeld

Dankstelle

allen Spielern, dem Betreuerstab und den
Fanclubs des SK Rapid
Manfred Ergott
Druckerei Janetschek
Willi Sotsas
Sandra Feurer
Gaby Fröschl
Claudia Eichberger
Peter Klinglmüller
Heimo Kraus
Clemens Pieber
Andreas Marek
Funki jun.
Markus Blümel
Wolfi Frey
Bertl Skalsky
Fredi Körner
Peter Vybral
Alex Strecha
Gerhard Niederhuber
Gerd Hermann
Poldi Grubl
Erich Rössmann
Walter Weiss
Mag. Lipukod
Roland Kresa
Michael Mann
Peter Österreicher
Omar „der grüne Ritter" Shoukry
Stefan „El Presidente" Singer
Oli „La Voce della curva" P.
Paul Karl Österreicher
Peda „ollas is ans" Wagner

Willy Maus
Roman Gregory
ai8
rw13

FOTOS

Privatfotos Spieler und Fans
Kernmayer
KR Dkm Alfred Karny
Michael Lang
Peter „Mizzo" Persidis
Bruder Frey
Wolfgang Skalsky
Otmar Huyer
Zolles
Hicke Pepe
Bello
Scooter
Stego
Roland Rudolph
Andreas „Würmlinger" Dietrich
URPauli Bolic
Bürgermeister Gernot Lechner
Kulo
Jürgen Saler

KARIKATUREN

Hubert Schorn, der Haus und Hof-Karikaturist des Königshauses von Ghana

Hubert Schorn, sowohl im Haus, als auch im Hof Maler (im Bild rechts).

143